조선시대 사람들의 모빌리티

KB079602

이 저서는 2018년 대한민국 교육부와 한국연구재단의 지원을 받아 수행된 연구임 (NRF-2018S1A6A3A030 43497)

조선시대 사람들의 모빌리티

신재훈 지음

앨피

모빌리티인문학 Mobility Humanities

모빌리티인문학은 기차, 자동차, 비행기, 인터넷, 모바일 기기 등 모빌리티 테크놀로지의 발전에 따른 인간, 사물, 관계의 실재적 · 가상적 이동을 인간과 테크놀로지의 공-진화co-evolution 라는 관점에서 사유하고, 모빌리티가 고도화됨에 따라 발생하는 현재와 미래의 문제들에 대한 해법을 인문학적 관점에서 제안함으로써 생명, 사유, 문화가 생동하는 인문-모빌리티 사회 형성에 기여하는 학문이다.

모빌리티는 기차, 자동차, 비행기, 인터넷, 모바일 기기 같은 모빌리티 테크놀로지에 기초한 사람, 사물, 정보의 이동과 이를 가능하게 하는 테크놀로지를 의미한다. 그리고 이에 수반하는 것으로서 공간(도시) 구성과 인구 배치의 변화, 노동과 자본의 변형, 권력 또는 통치성의 변용 등을 통칭하는 사회적 관계의 이동까지도 포함한다.

오늘날 모빌리티 테크놀로지는 인간, 사물, 관계의 이동에 시간적 · 공간적 제약을 거의 남겨 두지 않을 정도로 발전해 왔다. 개별 국가와 지역을 연결하는 항공로와 무선통신망의 구축은 사람, 물류, 데이터의 무제약적 이동 가능성을 증명하는 물질적 지표들이다. 특히 전 세계에 무료 인터넷을 보급하겠다는 구글Google의 프로젝트 룬Project Loon이 현실화되고 우주 유영과 화성 식민지 건설이 본격화될 경우 모빌리티는 지구라는 행성의 경계까지도 초월하게 될 것이다. 이 점에서 오늘날은 모빌리티 테크놀로지가 인간의 삶을 위한 단순한 조건이나 수단이 아닌 인간의 또 다른 본성이 된 시대, 즉 고-모빌리티high-mobilities 시대라고 말할 수 있다. 말하자면, 인간과 테크놀로지의 상호보완적 · 상호구성적 공-진화가 고도화된 시대인 것이다.

고-모빌리티 시대를 사유하기 위해서는 우선 과거 '영토'와 '정주' 중심 사유의 극복이 필요하다. 지난 시기 글로컬화, 탈중심화, 혼종화, 탈영토화, 액체화에 대한 주장은 글로벌과 로컬, 중심과 주변, 동질성과 이질성, 질서와 혼돈 같은 이분법에 기초한 영토주의 또는 정주주의 패러다임을 극복하려는 중요한 시도였다. 하지만 그 역시 모빌리티 테크놀로지의 의의를 적극적으로 사유하지 못했다는 점에서, 그와 동시에 모빌리티 테크놀로지를 단순한 수단으로 간주했다는 점에서 고-모빌리티 시대를 사유하는 데 한계를 지니고 있었다. 말하자면, 글로컬화, 탈중심화, 혼종화, 탈영토화, 액체화를 추동하는 실재적 · 물질적 행위자agency로서의 모빌리티 테크놀로지를 인문학적 사유의 대상으로서 충분히 고려하지 못했던 것이다. 게다가 첨단 웨어러블 기기에 의한 인간의 능력 향상과 인간과 기계의 경계 소멸을 추구하는 포스트-휴먼 프로젝트, 또한 사물인터넷과 사이버 물리 시스템 같은 첨단 모빌리티 테크놀로지에 기초한 스마트시티 건설은 오늘날 모빌리티 테크놀로지를 인간과 사회, 심지어는 자연의 본질적 요소로 만들고 있다. 이를 사유하기 위해서는 인문학 패러다임의 근본적 전환이 필요하다.

이에 건국대학교 모빌리티인문학 연구원은 '모빌리티' 개념으로 '영토'와 '정주'를 대체하는 동시에, 인간과 모빌리티 테크놀로지의 공-진화라는 관점에서 미래 세계를 설계할 사유 패러다임을 정립하려고 한다.

조선은 신분에 따라 정도의 차이가 있을 뿐 원칙적으로 거주와 이동의 자유가 없는 사회였다. 국왕부터 지배층인 양반·관료들은 물론이고 평민·노비에 이르기까지 모든 계층이 일정 부분 이동의 제약을 받았음을 다양한 사례를 통해 확인할 수 있다. 조선 전기에 편찬되어 조선시대 법 체제 전반을 아우르는 《경국대전經國大典》을 보면, "이주시킨 백성百姓이 도망을 치면 그 처자식을 노비로 소속시키고, 도망간 백성이 붙잡히면 호수戶首(가장)를 참형에 처한다(逃亡 徙民逃亡者, 妻子屬殘驛奴婢。捕獲, 則戶首, 斬。自現, 則還元徙處, 妻子, 放。)"고 하였다. 즉, 조선시대 일반 백성들은 국가가 정해 준 곳에 거주해야 했고, 이를 벗어나면 식구들을 노비로 만들고 집안의 가장은 목을 베어 버리는 등 엄히 다스렸던 것이다.

그렇다면 지배층인 양반과 관리들은 어땠을까? 조선시대에 비교적 이동이 자유로웠던 이들은 국왕도 아니고 천민도 아닌 양반이었다. 물론 관직에 올라 지방 수령이 되면 고향을 떠나 이동을 해야 하고 근무 기간을 채워야 다시 서울로 돌아올 수 있었으며, 또 고향이나 연고가 있는 곳에 부임하지 못하도록 하는 '상피相避 제도'로 인해 고향에 머물지 못하는 경우도 많았다. 그러나 관직을 맡지 않은 양반들은 시험을 보기 위해 이동하거나 과거 공부를 하기 위해 깊은 산골의 사찰로 들어가는 등 비교적 원하는 대로 이동하는 양상을 보였다. 16세기 대표적 지식인 율곡 이이는 모친인 신사임당이 사망하자 상심하여 금강산으로 떠났고, 얼마 지나지 않아 안동의 도산서원에 있던 퇴계 이황을 찾아가는 등 자유로운 행보를 보였다.

이처럼 양반들은 법·제도적으로 이동에 제한을 받지 않았지만 사회경제적인 이유로 스스로 이동을 꺼렸다. 조선시대 양반은 고려의 지방 호족과 마찬가지로 지역의 토착 세력이자 사회 공동체의 지배층으로서 토지 경작을 경제적 근간으로 삼았다. 따라서 연고가 없는 낯선 지역으로 이동하는 것은 양반들에게는 사회적 권위를 상실하고 경제적 근간을 잃어버리는 것과 다름없는 일이었다. 양반들에게 이동은 커다란 모험이었으며, 나아가 강제적인 이동은 그 자체로 처벌에 해당하였다. 실제로 유배형은 매우 가혹한 형벌이었다.

한편, 조선의 최고 권력자로 신분제의 정점에 있었던 왕은 원한다면 언제든 어디로든 자유롭게 이동할 수 있었을 것 같지만 실제로는 양반보다 더 이동에 제한을 받았다. 조선의 국왕은 '구중궁궐(9겹으로 둘러싸인 궁궐)에 갇힌 존재', '신하들에게 둘러싸인 외로운 존재'였다. 왕권 견제와 백성의 삶을 중시하는 유교 국가 조선에서 왕의 이동은 매우 꺼려지는 일이었다. 사냥, 유람, 온행溫幸, 능행陵幸, 군사 검열 등의 형태를 띤 왕의 이동은 많은 비용과 백성의 부역이 뒤따르는 일이었기 때문이다. 그래서 성리학적 유교 질서가 확립되면서 왕의 이동은 더욱 제한되는 경향을 보이며, 왕권 강화 차원에서 왕 스스로 이동 제한을 극복하려는 움직임을 보이기도 한다.

◆ ◆ ◆

이처럼 조선시대의 각 계층은 법적으로나 사회경제적으로 이동에 제한을 받거나, 정치적인 이유로 인해 자유로운 이동이 어려웠다. 하물며 사람이 아닌 재물과 재산으로 취급된 노비의 이동은 절대 불가능했고, 중앙정부에서 부과한 부역을 도맡아 하는 천민의 이동 역시 불가능에 가까웠다. 그렇다면 조선 사회에서 이동, 즉 모빌리티는 전혀 발생하지 않았을까? 그렇지 않다. 다만, 불가피한 이동이 많고 자발적이지 않은 뜻하지 않은 이동이 대부분이었다. 드물게 이동 욕구가 발현되는 경우도 있었지만, 이 또한 분명한 명분과 이유 없이는 모빌리티가 발생하기 어려웠다.

조선시대 사람들의 이동은 신분제 사회구조와 유교를 기반으로 하는 통치 이념의 영향을 받아 신분별로 각기 다른 이동 제한의 특징을 보이며, 각자의 신분적 한계를 극복하기 위해 나름의 사적 · 공적 방법을 동원하면서 특징적 이동 양상이 형성되었다. 이 책에서는 이동이 엄격히 제한되었던 천민 계급을 제외하고 국왕, 양반, 일반 백성의 신분별 모빌리티 양태를 살펴보고자 한다.

구체적으로 국왕의 이동은 온천으로 행차하는 온행溫幸과 왕릉을 방문하는 능행陵幸, 양반의 이동은 뜻하지 않은 이동이자 가장 고통스러운 이동인 유배流配, 마지막으로 일반 백성의 이동은 표류漂流를 중심으로 들여다볼 것이다.

일반 백성의 이동에는 표류 외에도 국가의 필요에 따라 강제

이주되는 사민徙民, 군역과 부역을 지기 위한 이동, 전쟁을 피해 이동하는 피난, 포로로 끌려가는 이동 등도 있으나 새로운 문물을 접하고 미지의 세계를 다녀오는 매우 독특한 사례라는 점에서 표류를 선정하였다. 표류 관련 기록이 꽤 많이 남아 있고, 또 비교적 이동의 자유가 있어 외국 문물을 접할 기회가 있는 양반들과 달리 일반민의 표류는 매우 예외적인 기회이자 드라마틱한 이동 양상이라는 점에서 중요한 사례라고 할 수 있다.

조선시대 사람들의 신분별 이동 양상을 살펴보면 이들의 모빌리티에 대한 인식과 시각, 활용의 특성 등을 확인할 수 있다. 흥미로운 점은 이동의 자유가 큰 계층은 양반, 왕, 일반 백성 순이지만 이동의 욕구는 왕, 일반 백성, 양반 순으로 나타난다는 것이다.

♦ ♦ ♦

전통 시대의 이동은 매우 흥미로운 주제이다. 동서양을 막론하고 근대 이전 사회에서 사회경제적 기반이 전혀 없는 지역으로 이동하는 것은 두려운 일이자 이례적인 현상이었다. 또한 변화가 거의 없는 농경 사회에서 매우 드물게 일어나는 이동은 그 자체로 커다란 충격과 변화상을 초래하는 요인이 되곤 했다. 실제로 외부 세력의 유입은 새로운 문물의 전달자 역할을 하거나 갑작스러운 사회 변화를 이끌어 내는 자극제 역할을 하였다. 때문에 전통 시대의 이동은 근대사회 이후의 이동보다 횟수는 매우 적지만 더 큰 영향을 끼쳤다. 조선시대 왕·양반·일반 백성의 이동 역시 자주 일어나는 현상은 아니었지만, 이동에 어려움을 겪은 만큼 그 영향력은 더 컸다. 전통 시대 개인의 이동은 나비의 작은 날갯짓이 예상하지 못한 커다란 결과나 파장으로 이어지는 '나비효과butterfly effect'를 불러오기도 했다.

조선 사람들의 모빌리티 양상과 효과를 파악하려면 '제한적 이동'이라는 기본 조건과 함께, 그 이면에 자리 잡은 사회구조로서 본관제, 조선의 통치 이념인 숭유억불崇儒抑佛(유교를 숭상하고 불교를 억압함)과 농본억말農本抑末(농업을 근본으로 하고 상업을 억제함), 지방 호족 중심의 지방분권제에서 중앙집권적 통치 질서로의 변화, 해상 무역을 금하는 해금海禁 정책과 중국을 천자국으로 섬기고 이웃 국가를 교화한다는 사대교린事大交隣의 외교정책 등을 두루 살펴볼 필요가 있다.

조선의 사회·경제·정치·외교적 배경을 이해해야 조선시대 사람들의 신분별 이동 양태를 이해할 수 있기 때문이다. 이를 통해 개인의 이동 원인과 신분별 이동의 변화상, 이동으로 생기는 효과와 역사적 의미 등을 알아보고자 한다.

어떤 사회에서도 인간의 이동을 완전히 막을 방법은 없다. 조선시대 사람들의 이동 양상과 변화상을 보면, 그들 역시 현대인과 다르지 않게 이동 욕구를 갖고 있었음을 알 수 있다. 이 책은 조선시대 각 신분별 개인의 이동을 통해 그것이 가져온 효과와 사회적 파장, 역사적 사건과의 연관성, 이념과 사회구조의 변화, 국제질서의 재편과 인식 변화, 그리고 이동의 변화상을 들여다보려 한다. 우리 역사에서 인간의 이동으로 사회가 변화하는 과정을 따라가다 보면, 인간과 이동은 떼려야 뗄 수 없는 관계임을 확인하게 될 것이다.

차례

제1장

모빌리티 통제의 조건

본관과 신분

MBTI, 혈액형, 본관

2024년을 사는 한국의 20~30대들은 처음 만난 사람에게 어떤 질문을 할까? 아마도 'MBTI가 무엇입니까?'라고 묻는 젊은 이들이 가장 많을 것이다. MBTI는 '마이어스–브릭스 유형 지표Myers-Briggs Type Indicator'의 줄임말로, 개인의 성향과 행동 양상을 알아보기 위해 만들어진 심리 검사이다. 개인의 성향과 선호 경향을 16가지로 유형화하여 타인을 파악할 수 있는 도구로 활용되는데, 다양하고 복잡한 현대사회에서 낯선 사람에 대한 정보를 빨리 쉽게 파악할 수 있다는 점에서 큰 인기를 끌고 있는 듯하다. 1980~90년대에도 MBTI 못지않게 유행한 것이 있었다. 바로 혈액형이다. 혈액형으로 사람의 성향을 구분하고 그에 따른 행동 경향을 추측하고, 때로는 강한 선입견을 갖기도 했다.

그렇다면 1980년대 이전 한국인들은 어땠을까? 낯선 사람을 만나면 통성명을 한 뒤 으레 "본관本貫이 어디입니까?"라고 물었다. 요즘에도 나이 지긋한 어르신들 중에 본관을 묻는 분들이 꽤 있다. 이에 대한 연령별 반응은 다양하다. 10~20대라면 '본관이 뭐지?'라는 근원적인 질문이 머릿속에 떠오를 것이고,

'본관이 왜 궁금하지?'라는 의문을 품을 것이다.

반면 40대 이상의 장년층이라면 비교적 쉽게 답을 할 테지만, 본관이 무엇이며 본관을 묻는 이유가 무엇인지에 대해서는 선뜻 대답하기 힘들 것이다. 반대로 노년층에게 MBTI를 물어보면 뭐라고 대답할까? 아마도 본관을 묻는 질문에 당황하는 젊은이들과 비슷한 반응을 보일 것이다. 세대 차이를 논하려고 이러한 이야기를 늘어놓는 것은 아니다.

대체 '본관'이 무엇이기에 과거 한국인들은 본관에 집착했으며, 또 장년층들은 어떻게 이 습관적인 질문에 준비된 답을 갖고 있는 것일까? 처음 보는 사람에게 본관을 물어보는 것도 MBTI나 혈액형을 묻는 것과 비슷하다. 과학적 근거가 있는지와 상관없이 MBTI나 혈액형이 개인의 기본적인 성향과 취향을 파악하는 척도로 여겨지듯, 본관 역시 절대적이지는 않지만 과거 한국 사회에서 꽤 많은 정보를 담고 있는 일종의 개인정보로 여겨졌다.

예를 들어 혈액형을 신봉하는 사람들은 O형은 외향적·적극적 성격이고, A형은 내성적이면서 소극적인 성격이라고 이야기한다. MBTI에서도 I는 내향적, E는 외향적인 성격이라고 본다. 이와 비슷하게 과거 한국 사회에서도 본관을 바탕으로 개인에 대한 기본적인 평가가 가능했다. 물론 부작용도 있다. MBTI와 혈액형에 대한 믿음이 너무 강할 경우 복잡다단한 개인의 성격과 성향을 성급하게 일반화시켜 버리듯 본관제 역시 마찬가지다. 'ㅇㅇ의 모씨'는 고집이 세다든가, 'ㅇㅇ의 모씨'는 머리가 좋다든가 하는 선입견을 갖거나 일반화의 오류를 범하는 것이다.

본관이 무엇이기에 이처럼 개인을 평가하는 기준이 되었을까? '본관'을 한자로 풀어 보면 '근본 본本'과 '뚫을 관貫'이 합쳐진 용어로서, 동의어로는 향관鄕貫, 성관姓貫, 본적本籍이 있다. '본'은 개인의 근본이 되는 공간, 즉 조상이 처음 터를 잡은 곳을 의미하는 공간적 개념으로, 예컨대 본관이 '안동 김씨'라면 경북 안동에 처음 터를 잡은 집안을 뜻한다.

'관'은 혈연을 매개로 하는 같은 집안이나 성씨를 뜻하는 것으로, 김씨 성을 쓰는 집안은 관이 김씨인 것이다. 곧, 안동 김씨는 시조인 김선평金宣平을 중심으로 같은 관을 가지면서 안동을 본으로 하는 사람들을 지칭한다. 그러다 점차 후손이 늘어나 각지로 흩어지게 됨에 따라 자리 잡은 지역이 달라지면서 '본', 즉 지역을 바꿔서 본관을 이야기하는 경우도 생겨났다. 같은 안동 김씨지만 서울 자하동에 자리잡은 안동 김씨 세력은

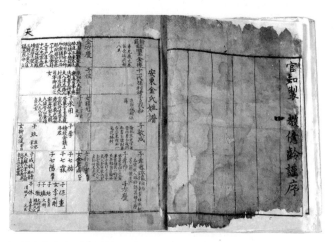

16세기 후반에 간행된 안동 김씨 족보 출처: 한국학중앙연구원

'자하동 김씨', 혹은 '장동 김씨'라고 하여 정착한 지역을 따로 구분하기도 하였다.

본관제는 고려시대부터 지속된 오래된 문화적 유산이자 사회적 구조였다. 본관제는 어림잡아 고려 초부터 시작되어 조선시대 내내 유지되었고, 근대로 넘어와서도 농촌 사회였던 1960년대 이전까지 존속했다. 무려 천 년이 넘는 시간 동안 사회 시스템으로 자리 잡아 한국 사회에 엄청난 영향을 끼쳐 왔다.

고려 이후 한반도의 국가들은 농촌을 중심으로 거주지를 쉽게 바꾸지 못하는 사회구조를 유지하였다. 농토를 근간으로 하는 거주지 정착 과정을 거치면서, 오랫동안 거주지 변경 없이 집안과 혈연관계를 기본으로 마을을 유지하며 살아왔다. 혈족을 의미하는 성씨와 거주 지역을 중심으로 한 본관제가 한국 사회를 지배해 온 것이다. 본관제는 한국인들의 뼛속 깊은 곳에 자리 잡은 사회구조이자 거주 형태였다.

본관에는 그 사람의 집안(혈연)에 대한 정보, 대대로 거주한 곳(지연)에 대한 정보가 들어 있다. 혈연과 지연, 이 두 가지 정보를 통해 과거 사람들은 많은 것을 짐작하고 추정하였다. 옛날 농촌 마을에서는 '누구 집에 숟가락이 몇 개인지도 안다'고 할 정도로 서로 집안의 형편을 훤히 알았다.

그 집안에 대해 잘 모르더라도 그 지역의 다른 사람을 알거나, 같은 집안의 다른 사람을 통하면 기본 정보를 파악할 수 있었다. 현대인이 소셜네트워크서비스SNS를 통해 한두 사람만 건너면 타인에 대한 정보를 알 수 있는 것과 비슷하다. 그래서 낯선 사람을 만나면 본관을 물어 그에 대한 기본 정보를 취득했던 것이다. 요즘 젊은이들이 "MBTI가 뭐예요?"라고 묻는 것과 다르지 않은 셈이다.

본관제의 역사

　본관제의 성립은 고려시대 초기로 거슬러 올라가는데, 삼국
시대와 남북국시대에도 농업을 주로 하였으므로 농토를 바탕
으로 주거지가 형성되는 혈연 중심의 촌락은 훨씬 이전부터 출
현했다. 다만 고려 건국 세력인 지방 호족이 혈연과 지연을 중
심으로 세력권을 형성하면서 본관제가 사회구조로 자리 잡게
되었다고 할 수 있다. 지방 호족을 평화롭게 통합하고 이들의
지지를 바탕으로 고려를 건국한 태조 왕건이, 지방에서 이들의
권력과 세력을 인정하고 유지시키는 방편으로 본관제를 활용
한 것이다.

　본관제 성립 이전의 역사를 살펴보면, 삼국시대에는 삼국 간
의 통일전쟁, 신라와 발해가 양립하고 있던 남북국시대에는 국
내외 분쟁이 끊이지 않았다. 잦은 군사적 대립과 영토 분쟁, 지
배 세력 교체 등의 혼란 속에서 일반 백성들은 한 곳에 정착하
기 어려웠을 것이다. 신라가 삼국을 통일한 뒤에도 평화로운
시대는 약 100년밖에 이어지지 않았다. 신라 하대(기원후 780년
이후)부터는 각지에서 장보고를 비롯한 여러 지방 호족들이 무
능한 신라 정부에 반기를 들고 일어났다. 신라 정부의 지방 통

치 능력이 저하되면서 수많은 지방 세력이 발호하였고, 경주를 수도로 삼은 신라, 전주를 중심으로 하는 후백제, 강원도와 경기도 중심의 태봉, 개성과 황해도를 중심으로 하는 고려로 갈라지면서 후삼국시대가 도래하였다.

이때 지방 호족들은 중앙정부보다 강력한 사회경제적 통치력을 가지고 지역민을 통제하였다. 지방 호족들이 지역민의 이탈을 막기 위해 강력한 이동 통제를 시행함으로써 이 무렵부터 지역민들의 거주지 정착이 이뤄졌을 가능성이 크다. 여기에 거란의 침략으로 발해가 멸망하면서 북방에서 발해 유민이 남하한 것도 본관제가 사회구조로 자리 잡는 데 큰 영향을 미쳤을 것으로 보인다. 아이러니하게도 어수선한 시대 상황이 지방 사람들의 지역적 귀속을 강화시키고 지방 통치의 행정력 강화로 이어진 것이다.

고려를 건국하고 지방 호족 세력을 통합한 태조 왕건은 호족의 지방 통치를 허용하고 본관제를 기반으로 하는 지방분권제를 표방하는 한편, 지방 호족의 난립과 국가 분열을 방지하고자 지방의 유력 호족 집안과 혼인 관계를 맺었다. 지방 호족 세력을 일정하게 허용하되 중앙정부에 대한 충성을 단단히 하려한 것이다. 왕건은 29명의 부인을 두었는데 복잡한 혼인 관계의 이면을 살펴보면 정치권력 유지를 위한 하나의 방편이었음을 알 수 있다.

본관제 역시 표면적으로는 지방 호족 세력을 인정해 주는 것이었지만, 실제로는 국가의 통치력이 좀 더 효과적으로 미치게 하기 위한 수단으로 활용되었다. 각 지역의 호족과 유력자에게 토성土姓, 즉 본관(성씨와 거주지)을 내려 주고 적절한 관습적 통치권을 주면서 이동하지 못하도록 한 것이 본관제였다. 토성을 부여받은 지방 호족들은 자신의 통치권을 유지하기 위해 스스로 백성들을 강하게 정착시키는 등 신분 질서를 유지시키는 주체가 되었다.

이로써 고려는 효과적인 징세와 지방민의 부역 체제 편입을 도모할 수 있었다. 후삼국시대의 혼란과 발해 유민들의 유입으로 고향을 잃고 거주지 없이 떠돌던 주민들을 정착시키면서 고려는 빠르게 안정을 찾아 나갔다. 고려는 본관제를 통해 지방 호족을 효과적으로 관리했으며, 이를 토대로 군현 체제를 성립시키고 행정적인 통치 체제를 구축하였다.

곧, 고려시대의 본관은 지방 호족에게 주어진 권력과 권위의 표상이자, 거주지와 성씨를 표시하는 족쇄로서 이중적 의미를 갖게 되었다. 물론 매우 적은 수의 유력한 호족만 본관을 부여

받기는 했으나, 이들이 지방민을 구속하고 이탈하지 못하도록 강력한 통치력을 구축한 상태였기에 본관제는 가장 효과적인 인신 구속의 제도로 활용될 수 있었다.

이처럼 고려는 본관제를 토대로 지방분권적 체제를 갖추며 안정을 찾았지만, 시간이 흐르면서 중앙정부의 지방 통치 장악력은 쇠퇴할 수 밖에 없었다. 특히 1170년 발생한 무신란武臣亂은 고려 정부의 지방 통치 능력을 최악으로 만드는 계기가 되었다. 무신란 이후 지방에 대한 이해와 행정 능력이 없는 무신들이 지방 수령으로 부임하면서 지방민들을 가혹하게 수탈했기 때문이다. 그 결과 지방 곳곳에서 민란이 일어나면서 12~13세기는 '민란의 시대'로 기억되게 되었다.

이후 혼란의 시기를 지나 고려 말에 이르면 지배층 사이에서 좀 더 강력한 중앙집권적 통치가 필요하다는 인식이 팽배해졌다. 더불어 고려의 유산인 불교, 활발한 상업과 무역 활동, 대농장 경영 등이 멸망의 원인으로 지목되어 조선 개국 후 철저하게 부정당했던 것에 반해, 고려의 사회구조이자 지방 통치의 기반인 본관제는 조선시대에도 그대로 이어졌으며 오히려 더욱 견고해졌다.

이는 조선이 숭유억불崇儒抑佛(유교를 숭상하고 불교를 억압함)

과 농본억말農本抑末(농업을 근본으로 하고 상업을 억제함)을 표방하였기 때문일 것이다. 즉, 조선은 지방민의 이동이 불가피하게 수반되는 상업과 사적 무역 활동을 철저히 금지하고, 농토에 기반을 둔 농민들이 절대 이동할 수 없는 농업 중심 사회를 이상향으로 설정하였다. 그 배경에는 고려 말부터 현저히 향상된 농업생산력, 조선 개국 세력이 농업을 기본으로 하는 중소지주 세력의 후예였다는 점이 작용하였다. 고려와 조선의 이러한 차이를 상징적으로 보여 주는 것이 고려청자와 조선백자이다.

고려청자 vs 조선백자

고려청자와 조선백자는 색과 모양은 물론이고 그 생산 과정과 생산 주체가 확연하게 다르다. 화려한 비색을 지닌 고려청자는 당대 최고 기술의 집약체였다. 자기磁器는 1,300도 이상의 고온에서만 생산되는 것으로, 13세기 당시 전 세계에서 오직 중국의 송나라와 고려만 만들어 낼 수 있었다. 고려의 도공들은 여기에 상감기법象嵌技法까지 가미할 만큼 숙련된 기술자들이었다. 이들의 손에서 탄생한 고려청자는 화려한 고려의 귀족

고려청자 국보 제68호 '청자상감운학문매병'(왼쪽)과 조선백자 국보 제310호 '백자달항아리'(오른쪽) 출처: 문화재청

문화를 대표하는 상징물이었다.

그에 비해 15세기에 유행한 조선백자는 그 기술력은 고려청자 못지않지만 화려함과는 거리가 멀다. 청렴하고 꼿꼿한 삶을 지향하는 사대부들의 정신을 담은 조선백자는 소박하고 깨끗한 흰색이나 무색을 표현하고 있다. 조선백자는 청빈淸貧으로 대표되는 조선의 이념을 상징한다.

고려청자와 조선백자는 그 생산 주체와 경제적 성향에서도 차이가 난다. 우선 고려청자는 숙련된 도공이 아니고서는 생산할 수 없는 당대 하이테크 기술을 상징하는 제품이자 고급 무역상품이었다. 고려청자의 생산 주체인 도공은 대를 이어 자기를 구우면서 기술을 향상시킨 향鄕·소所·부곡部曲민 등 천민들로서, 이들이 귀족과 국가를 위해 청자를 만들었다. 이렇게 생산된 고려청자는 송나라를 비롯하여 멀리 서역까지 수출되는 고려의 대표적인 무역상품이자 귀족들을 위한 고급 상품으로 소비되었다. 그에 비해 조선백자는 해외 수출용이 아니라 조선의 선비와 양반·왕족들이 사용하였으며, 국가에서 설치한 공식 관청에서 도공들이 생산하였다. 즉, 고려청자와 조선백자는 고려와 조선의 시대정신과 함께 각 시대의 모빌리티를 상징적으로 보여 주는 상품이라고 할 수 있다.

고려의 특수한 지명이자 행정단위인 향·소·부곡은 일정한 신분이나 직업을 가진 이들이 대를 이어 거주하는 곳으로서, 국가의 부역이나 지방의 징수 물품을 생산하는 기술자나 예술가들이 이곳에 모여 살았다. 이들의 거주지 변경은 절대 불가능했다. 고려청자와 같은 특수한 물품은 대대로 이어져 온 기술을 터득한 이들만이 생산할 수 있었기 때문이다.

향·소·부곡민들은 이처럼 뛰어난 실력을 갖고 있었으나 제대로 대접받지 못하는 경우가 많았고, 과도한 물품 생산 요구와 징수를 채우지 못했을 때 따르는 처벌 등으로 인해 큰 불만을 갖고 있었다. 1170년 무신들이 정권을 탈취한 뒤 가혹하게 지방을 수탈하면서 그 불만이 폭발하였으니, 대표적인 사례가 '망이亡伊·망소이亡所伊의 난'이다.

망이·망소이의 난은 무신란 이후 정중부가 집권하던 시기인 1176년 1월에 처음 발생하였다. 망이와 망소이는 공주 명학소鳴鶴所에 살고 있던 천민이었다. 망이가 사람들을 모아 난을 일으켜 명학소의 본읍本邑인 공주를 함락시키고 스스로 산행병마사山行兵馬使라고 일컫자, 고려 정부는 대장군 정황재에게 3천 명의 병력을 주어 토벌 작전을 벌였다가 실패하자 회유책으로 명학소를 충순현忠順縣으로 격상시키고 현령까지 파견하였다. 하지만 망이와 망소이 등은 파견된 관원을 살해하고 난을 이어 갔고 이후 1년 만에 항복했다가 한 달 뒤 다시 망이가 난을 일으켜 이번에는 서산에 이어 아산까지 점령하는 등 기세를 이어 나갔다. 그러나 이들은 6개월 만인 7월에 대대적인 토벌 작전으로 결국 진압되었다.

그런데 난을 일으킨 핵심 인물인 망이와 망소이의 이름이 아무래도 특이하다. 아무리 천민이라지만 사람 이름에 '망할 망亡' 자를 썼다는 것이 영 어색하다. 한자를 풀어 보면 망이는 '망할 놈', 망소이는 '망할 작은 놈'이라는 뜻이니, 원래 순우리말

대전 남선공원에 있는 '명학소(망이 망소이) 민중봉기 기념탑' 출처: 굿모닝충청

이름에 나중에 역적을 상징하는 한자를 붙였을 수도 있다. 역사는 승자의 기록이므로 이름이 없었거나 혹은 이름이 알려지지 않았던 천민이었기에 정부에서 난을 기록하며 이렇게 이름을 붙였을 수도 있다.

망이나 망소이처럼 향·소·부곡에서 대를 이어 살았던 이름 없는 천민들이 고려청자와 같은 대표적인 무역상품의 생산자들이었다. 상당한 기술력과 예술혼의 결집체인 고려청자 같은 상품은 대대로 기술력과 솜씨를 이어받아야 생산할 수 있었으므로, 향·소·부곡의 천민들은 국가에 의해 강제로 한 곳에 머물러 살고 그 신분도 천민에서 벗어날 수 없었다.

이들의 상품 생산 활동은 자발적인 봉사와 노력이 아닌 신분과 사회구조에 매인 노동력 착취의 결과물이었다. 이들은 기회가 있을 때마다 그 굴레에서 벗어나기를 꿈꾸었고, 국가의 가혹한 수탈과 징세, 부역이 도를 넘자 망이와 망소이 같은 이들이 봉기를 일으켰다.

한편, 조선은 고려의 귀족문화를 배격하고 영리를 목적으로 하는 사적인 무역과 상업 행위를 혐오하였으며, 청렴함을 앞세운 선비 문화와 '공公'을 중시하는 경제활동을 표방하였다. 그래서 조선백자는 화려한 문양과 무늬를 배격하고, 생산 주체 역시 국가가 주도하는 관청으로 바뀌었다.

이러한 고려청자와 조선백자의 차이는 모빌리티의 차이와도 연관된다. 고려와 조선에서 이동 제한의 배경으로 작동한 본관제는 고려시대에 시작되었지만, 고려의 지방 통치는 어디까지나 지방 호족과 세력가들에게 어느 정도 맡겨진 지방분권의 형태였으며 고려 말까지 중앙집권적 통치에는 다다르지 못하였다.

고려 말 지방 호족과 권문세족 등이 대농장을 경영하면서 온갖 이권을 탈취하는 것을 지켜본 조선의 개국 세력이자 개혁 세력인 신진사대부들이 고려의 지방분권적 통치 체제에 문제의식을 느낀 것은 당연했다. 이에 조선은 개국할 때부터 '사私' 적인 성격의 사회·경제·문화적 개념을 모두 '공公'적인 성격으로 변화시키고자 했으며, 이에 따라 사적인 상업과 무역을 금지하고 농업을 장려하며 토지·산림의 국유화를 지향하였다. 이로써 고려시대 사람들의 모빌리티에 비해 조선시대 사람들의 모빌리티는 신분별 차이는 있을지언정 더 제한되었다.

'조용한 아침의 나라', 조선의 탄생

조선은 개국 이후 강력한 중앙집권적 통치 제도를 구축하면서 지명과 행정 체제를 모두 바꾸고 모든 지역에 수령을 파견하여 지방 호족의 발호를 견제하였다. 또한 모든 토지를 국유화한 후 토지의 상당 수를 공전公田으로 만들어 국가 재정의 기반으로 삼으며 국가의 공적 역할을 강조하였다. 이러한 토지제도와 법전, 행정 체제 등은 조선 개국의 일등 공신인 정도전의 사상과 맞닿아 있다. 정도전은 고려 말 개혁을 주장한 신진사대부 중에서도 강경 개혁파에 속하는 인물로 혁명을 통해 조선을 개국하는 데 가장 큰 공을 세운 인물이다. 정도전은 실질적인 조선왕조의 설계자로서 개국 초 모든 개혁에 참여하였다.

정도전이 조선 개국 당시 관직 제도를 개편할 때 참고한 《주례周禮》는 성리학 중심의 정치체제를 상징하는 책이다. 정도전은 《조선경국전朝鮮經國典》을 편찬하면서 《주례》에서 재상 중

조선 개국의 일등공신 정도전 초상(왼쪽)과 '공公'을 중시하는 성리학적 정치론의 근간이 된 《주례(周禮)》 출처: 한국문화정보원 · 한국학중앙연구원

심의 권력 체계와 과거제도를 받아들이고 병농일치적인 군사제도의 정신을 빌려 왔다. 이에 따라 일반민에 대한 통치력 강화와 사적 이동 금지는 더욱 강화될 수 밖에 없었다.

또한 고려 말부터 논농사를 짓는 수전농법水田農法이 크게 발전하여 농업생산력이 높아지면서 조선의 지배층을 이룬 신진사대부, 즉 소규모 농장을 운영하면서 향촌 사회의 유력자 역할을 하던 재지사족在地土族 출신의 양반들은 농업을 국가의 근본으로 삼고 나아가 상업을 멸시하는 경제사상으로 무장하였다. 이로써 상업을 위한 일반민의 이동은 물론이고, 지배층의

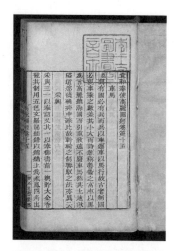

1123년 송나라 사절 서긍이 집필한 《선화봉사고려도경宣和奉使高麗圖經》
출처: 한국학중앙연구원

상업 행위도 철저히 금하였다. 조선시대에는 '사무역私貿易'을 금지하고 공식적으로 '공무역公貿易'만 허용되었기 때문에 조선시대 사람들의 이동은 고려시대에 비해 크게 제한받을 수밖에 없었다.

농업을 중시하고 대부분의 백성들이 농업에 종사하게 되면서 향촌의 풍경과 조선의 사회구조는 자연스럽게 농토를 근간으로 하는 전원田園 사회로 변화되었다. 중국 송나라 사람 서긍徐兢이 개경에 대한 인상과 풍경을 묘사한 책《고려도경高麗圖經》을 보면, 전원 마을이 주를 이루는 조선시대의 모습과 사뭇 차이가 있음을 알 수 있다. 물론 서긍이 묘사한 지역은 고려의 수도이자 가장 화려한 도시인 개경과 벽란도 일대였으므로 정확한 비교는 어렵지만, 고려 사회와 조선 사회의 모습이 얼마나 달랐는지를 알 수 있다.

19세기 제작된 〈송도폭원도松都幅員圖〉. 왼쪽에 벽란도와 예성강[西江]이 있다.
출처: 국사편찬위원회

고려의 벽란도와 개경은 아라비아 상인들이 오가면서 무역
활동을 할 정도로 국제적인 면모를 보인다. 아라비아 상인들은
수은 · 향료 등을 팔고 고려의 금과 비단 등을 사 갔는데, 이들
을 통해 '고려'라는 이름이 알려지면서 현재 한국의 명칭이 '코
리아'(또는 '꼬레아')가 되었다. 당시의 시성詩聖인 이규보李奎報
가 국제 무역항으로 번성한 벽란도를 바라보며 "조수가 들고나

니 오가는 배가 머리와 꼬리가 잇대었구나"라고 할 정도였다.

물론, 고려 역시 대부분의 사람들이 농업에 종사하는 농업 국가였다. 그러나 불교 국가인 고려의 사람들은 절기가 되면 전국 명산의 사찰을 찾아 법회에 참여할 정도로 이동이 자유로웠다. 고려시대 가장 큰 행사인 팔관회八關會를 비롯하여 전국의 대사찰에서 큰 법회가 열리면 사람들이 어찌나 많이 참석했는지 자리를 차지하느라 소란이 일어나기 일쑤였고, 이런 상황을 일컫는 "야단법석野壇法席"이라는 말이 생겨나기도 했다. 고려의 귀족들은 활발한 상업 활동을 토대로 고려청자와 같은 세련되고 고급스러운 문화를 영위하였으며, 고려의 대표 수출품인 인삼, 고려청자, 문방사우文房四友(종이 · 벼루 · 먹 · 연적) 등도 활발한 상업 활동의 결과였다. 하지만 조선 개국 이후 억불 정책을 펴고 사적인 상업 활동을 철저히 금하면서 조선은 말 그대로 '조용한 아침의 나라'가 되었고, 사람들의 이동과 활동 역시 고려시대에 비해 현저히 줄어들게 되었다.

거의 모든 백성이 농업에 종사하면서 조선은 농촌을 기본 단위로 하고 불필요한 이동은 일반인들은 물론 지배층조차 꺼리는 사회가 되었다. 경작지와 거주지가 분리될 수 없는 농촌 사회인데다 본관에 매여 거주지를 바꿀 수도 없었다. 강고한 씨

족으로 결합된 농촌 사회에서 이방인의 출현은 여간 의심스러운 일이 아니었을 것이다. 또한 조세와 부역의 부과 차원에서도 거주지 이동은 최소화되어야 했고, 사사로운 이동은 일종의 문제 행위로 여겨져 기피될 수 밖에 없었다.

조선시대에는 지방의 유력자인 사대부, 즉 양반이 지방 호족을 대신하여 각 지역을 간접적으로 통치하게 되는데, 이들은 이후 향촌 사회의 중소 지주로서 중앙 정계에 입문하거나 지방의 유력자 역할을 하였고, 지역에서 대를 이어 거주하면서 대표적인 본관을 이루는 집성촌을 형성하기도 하였다. 결과적으로 고려시대에 형성된 본관제가 조선시대의 '공'을 중시하는 성리학적 신분질서, 사회구조와 결합하면서 조선시대 사람들의 이동을 매우 제한하였고 '이동', 즉 모빌리티는 위험하고 이상한 것으로 인식되었다.

제2장

왕의 이동
온행과 능행

조선은 유교적 신분 질서에 입각한 사회였다. 본관이 그 사람의 출신과 집안, 사회적 위상, 경제력을 간접적으로 보여 주는 정보라면, 신분은 그 사람의 법적 지위와 사회적 위상을 직접적으로 보여 주는 정보이다. 일반적으로 신분은 고대부터 시간이 흐르면서 강제성이 점점 적어지거나 느슨해지는 것으로 여겨진다. 하지만 조선의 신분 제도는 한편으로 느슨하면서도 한편으로는 강고하게 자리 잡는 이중성을 보였다.

조선의 지배층인 양반은 상민인 중인中人과 양인良人에 비해 확실한 신분적 우위를 점하였고, 하층민인 천민과 노비는 절대로 신분의 굴레에서 벗어날 수 없었다. 양반은 과거 시험과 공훈功勳 등을 통해 관직에 올라 지배층을 구성하고, 중인은 기술직과 지방 아전에 머물렀으며, 양인은 과거 시험은 볼 수 있지만 사회경제적으로 농업에 종사할 수밖에 없어 사실상 신분 상승이 불가능했다.

물론 최고의 신분은 만인지상萬人之上의 자리에 있는 국왕이었다. 왕은 공훈이나 과거 시험 같은 실력이 아닌 오로지 혈통으로만 보장되는 자리였고, 단 한 명의 사람만 오를 수 있었으므로 신분이라고 보기는 어렵다. 그러나 최고의 자리에서 최고의 권력을 지닌 존재였기에 그 권력과 특권은 대단했다. 한데,

만인지상의 최고 권력자인 조선의 국왕은 막강한 권력이 무색하게 그 이동에는 상당한 제한을 받았다.

조선의 왕은 상당한 권력과 특혜를 누릴 수 있을지언정 이동권만큼은 크게 제한을 받아, 어찌 보면 불쌍한 존재로도 인식되었다. 그래서 양반과 사대부들은 왕과 왕비 등 왕실 구성원을 '구중궁궐九重宮闕에 갇힌 권력자'라고 지칭하기도 하였다.

> 자전慈殿께서는 생각이 깊으시기는 하나 깊숙한 궁중의 한 과부에 지나지 않고, 전하께서는 어리시어 다만 선왕의 외로운 아드님, 고아이실 뿐이니, 천 가지 백 가지의 천재天災와 억만 갈래의 인심人心을 무엇으로 감당해 내며 무엇으로 수습하겠습니까?
>
> _ 조식, 〈단성현감사직소〉

조선 전기 명종明宗 대의 대학자이자 북인 세력의 거두인 남명 조식曺植이 올린 상소문이다. 이 글에서 조식은 명종의 어머니 문정왕후를 '깊은 궁중의 한 과부'라고 칭하였으며, 명종을 '외로운 아들, 고아에 불과하다'고 하여 파문을 일으켰다. 물론 조식처럼 국왕과 대비에게 대놓고 막말(?)을 할 수 있는 조정 관료와 사대부들은 많지 않았다. 그럼에도 '궁중에 갇혀서 세상

돌아가는 물정을 알지 못하는 한낱 과부와 고아'에 지나지 않는다고 야유하는 듯한 조식의 지적은 왕실 구성원의 부자유성不自由性을 은근히 무시하는 사대부들의 인식을 보여 준다.

실제로 조선에서 왕의 이동은 불가피한 경우에만 발생하는 이벤트이자, 양반과 신료들의 반발과 저항을 이겨 내야만 가능한 일이었다. 또한 조선시대

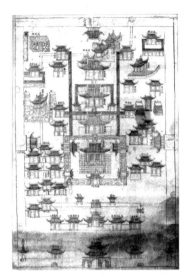

임진왜란 이전의 경복궁을 추정해 그린 〈경복궁전도景福宮全圖〉(영조대 제작 추정)
출처: 문화재청

왕이 이동을 할 때는 반드시 이를 기록으로 남겨야 했기에 국왕의 이동은 그 횟수에 비해 많은 양의 기록이 남게 되었고, 아울러 그 영향력이 큰 만큼 역사적 의미를 갖게 되었다.

조선시대 국왕의 이동은 매우 특별하고 특수한 때에만 이뤄졌으며 지칭하는 용어도 다르다. 오직 왕의 이동만을 가리켜 '거둥擧動'이라고 칭하였고, 대궐 밖으로 거둥하는 것은 '행행行

幸'이라고 하여 그 의미를 차별화하였다. 또한 국왕이 온천으로 거둥하면 '온행', 왕릉으로 거둥하면 '능행'이라고 하였다. 왕은 원하면 언제든 어디로든 이동할 수 있었을 것 같지만, 왕이 한양의 궁궐 밖을 벗어나는 것은 매우 힘든 일이었다. 백성을 아끼고 사랑하는 애민정신愛民精神을 기본으로 하는 유교 사회에서 국왕의 거둥은 백성들에게 많은 고통과 부담을 주는 일이었기 때문이다.

현대사회의 대통령이 시장을 방문하는 등 민생 행보를 펼칠 때를 생각해 보면 국왕의 거둥이 왜 꺼려지는지를 어렵지 않게 알 수 있다. 대통령의 이동은 경호 인력을 포함한 대규모 인원의 이동을 동반하고, 많은 물자의 사용, 혼잡 유발 등으로 자칫 민폐를 끼칠 우려가 크다. 그래서 전란과 같은 특수한 상황을 제외하고 왕의 이동은 매우 제한적이었다. 그렇다면 불교를 국교로 하고, 개경 외에도 3곳을 수도로 두었던 고려의 국왕은 어땠을까?

꽃놀이 다니는 고려의 왕

고려는 수도를 개경 외에도 서경西京(현재의 평양), 남경南京(현재의 서울), 동경東京(현재의 경주) 등 4경을 두는 행정 체제를 취하였다. 이때 개경을 제외한 3경에는 지방 호족의 발호를 견제하기 위해 유수관留守官을 두어 지방 통치의 근간으로 삼았다. 이러한 고려의 4경 체제는 중앙집권적 통치의 장애 요소로 작용하여 왕이 신변에 위협을 느끼면 서경과 남경으로 천도하는 계획을 세우곤 하여 혼란을 자초하기도 하였다. 아울러 4경 체제는 고려 국왕의 잦은 이동의 배경이 되었으며, 여기에 풍수지리설을 신봉하는 사상적 배경까지 더해져 어느 한 곳의 지력이 쇠하면 옮겨야 한다는 의견이 힘을 얻었다.

실제로 고려의 왕이 천도를 계획한 것이 한두 번이 아니다. 3대 왕 정종定宗은 서경 천도를 계획하다가 왕권이 실추되어 왕위에서 쫓겨나시피 했고, 인종仁宗은 승려 묘청의 설득으로 서경 천도를 꾀하다가 개경파인 김부식 등의 반대에 부딪혀 좌절하였다. 이때 묘청이 서경천도운동을 벌이면서 반란을 일으켜 나라가 큰 혼란에 빠졌다.

한편 불교 국가인 고려에서는 왕이 불사를 찾아가 예불을 드

위계의 차이가 반영된 공민왕릉의 무인상(왼쪽)과 문인상(오른쪽)
출처: 개성 만월대 남북공동발굴디지털기록관

리거나 법회에 참석하는 일이 잦았다. 팔관회 참석은 물론이고 왕이 국사國師(국가 최고의 승려)를 만나기 위해 이동하는 일이 적지 않았다. 1170년 무신란武臣亂이 일어날 때에도 왕의 지나친 이동과 외유外遊가 계기가 되었다. 당시 국왕이었던 의종毅宗은 고려의 왕들 중에서도 유유자적 외유를 즐긴 것으로 유명했다. 의종이 외유를 하며 문신은 우대하고 무신은 멸시하는 행보를 보였고, 이에 왕을 호위하던 무신들의 불만이 폭발하면서 무신란이 일어나게 된 것이다.

고려의 무신들은 본래 전투에서 공을 세우면 고위직에 오를 수 있었고, 군인전軍人田을 지급받는 등 나름의 특혜를 누렸는데, 현종顯宗 대부터 군인전이 폐지되고 무신 간의 갈등으로 정변이 일어나 무신의 지위가 추락하게 되었다. 이에 불만을 갖고 있던 상장군 정중부鄭仲夫 등이 의종의 잦은 외유, 문신에 대한 노골적 우대 등에 불만을 갖고 난을 일으켰다. 당시 문신과 무신의 차별이 얼마나 심했는지 잘 보여 주는 일화가 전한다. 무신란의 주역 정중부와 대표적 고려 문신인《삼국사기》의 편찬자 김부식의 아들 김돈중 사이에서 있었던 일이다.

정중부는 고려의 무신이 오를 수 있는 최고 직급인 정3품 상장군에 오른 인물로 평소 긴 수염을 자랑하였는데, 김돈중이 1144년 12월 31일 궁궐에서 귀신 쫓는 축제가 열렸을 때 정중부의 수염에 촛불을 붙여 모조리 태워 버렸다. 정중부는 크게 화가 나서 김돈중과 주먹질을 하며 싸웠다. 이 소식을 들은 김부식이 인종에게 정중부에게 매질을 해 달라는 상소를 올렸고, 인종은 별 수 없이 정중부에게 매질을 가했다. 그 뒤로 정중부는 복수할 날을 기다렸다고 한다.

이후 인종의 뒤를 이어 왕위에 오른 의종이 시도 때도 없이 잔치를 벌이고 경치 좋은 곳으로 놀러 다니면서 무신들을 혹사시켰다. 무신들은 왕뿐 아니라 고위직 문신들까지 호위하는 수고를 들이는 반면, 문신들은 왕과 함께 술을 마시고 흥청망청하니 무신들 눈에 좋게 보일 리 없었다. 1170년 4월 의종이 봄날의 경치를 만끽하고자 화평재를 찾았을 때, 배고픔에 떨며 왕과 문신들의 연회를 구경하던 하급 무관 이의방·이고 등이

고려의 궁궐터인 만월대 출처: 개성 만월대 남북공동발굴디지털기록관

정중부에게 불만을 터뜨렸다. 이에 정중부는 결심을 굳히고, 의종의 보현원 행차를 거사일로 잡았다.

보현원 행차에 나선 의종은 도중에 들른 오문이란 곳에서 군사 훈련을 한다며 무신들에게 수박희手搏戱를 시키고, 문신들과 함께 이를 관람하며 즐거워했다. 이때 나이 많은 무신인 이소응이 나와 겨루기를 하다가 나가떨어지자 문신 한뢰가 이소응의 뺨을 후려갈기며 비웃었다. 이에 분개한 정중부가 한뢰의 멱살을 잡았고, 의종은 사태를 무마시켰다. 이 사건으로 분노가 극에 달한 무신들은 보현원이 가까워지자 보현원 안의 군인들을 모은 뒤 이의방과 이고의 주도 하에 문신들을 모두 죽여 버렸다. "문신의 관을 쓴 자는 아무리 벼슬이 낮아도 한 놈도 남기지 말고 모조리 죽이라"고 할 정도로 무신들의 분노는 극에 달했다. 문신을 우대하고 무신을 무시한 의종 역시 무사할 수 없었다.

이 사건은 무신에 대한 처우가 상대적으로 낮은 고려의 제도가 발단이 되어 일어난 것이지만, 왕의 잦은 외유와 연회, 법회와 사찰 방문 등의 이동이 빚어낸 참극이라고 할 수 있다. 국왕의 외유와 이동에는 호위군과 병사들의 차출이 필수적인데, 문신들은 무신의 호위를 받으면서 편하게 이동하고 왕과 함께 술 마시고 시조를 짓는 놀이에 참가한 반면 무신들은 밖에서 추위 더위와 싸우며 행사가 끝나기를 기다려야 하는 처지였으니 불만이 폭발하지 않을 수 없었다.

민폐를 두려워한 조선의 왕

한편, 유교를 통치 이념에서 종교로 격상시킨 조선왕조는 민본주의民本主義에 입각한 국시國是를 내세웠고, 이에 따라 왕은 성인군자로서의 모습을 지향했다. 조선의 국왕이 이념적으로나 정치적으로 이동에 제한을 받는 존재가 된 것은 어찌 보면 당연한 일이었다. 조선의 국왕은 유교, 즉 신유학인 성리학을 기반으로 국가를 대표하는 역할을 해야 했다. 성리학으로 무장한 양반과 사대부는 국왕에게 고도의 도덕성과 능력을 겸비한 '성인군자聖人君子'가 될 것을 요구했다. 이를 왕도정치王道政治, 혹은 '왕도사상王道思想'이라고 한다.

왕도정치는 국가나 사회를 통치하는 통치자에게 높은 인격과 덕을 지닌 성인군자가 되거나 그렇게 되도록 노력할 것을 요구한다. 이는 유교의 창시자인 공자孔子의 덕치사상德治思想(법이나 무력이 아닌 인격적 감화인 덕을 통해 통치함)을 기반으로, 맹자孟子의 수기치인修己治人(자신의 내면을 닦아 남을 다스림)이 더해져 심화된 결과이다.

조선의 왕은 성리학 경전인 사서삼경四書三經은 물론이고, 시詩 · 서書 · 화畵 등 육예六藝에 두루 능한 전인적全人的 능력을 갖춰야 했다. 왕에게 요구되는 능력과 도덕성이 너무 높았기 때문인지 유교적 의례에 따라 장자가 왕위를 세습해야 함에도 불구하고 장자가 왕위를 계승하지 못하는 경우도 종종 있었다. 대표적 인물이 바로 조선의 성군聖君으로 추앙받는 세종世宗이다.

20세기 초 촬영된 경복궁 사진 출처: 국사편찬위원회

세종은 태종太宗의 세 번째 아들로 장자인 양녕대군讓寧大君이 도덕적인 결함을 지니고 있다는 이유로 이른바 '택현擇賢'(현명한 자를 택함)의 논리를 통해 왕위계승자가 되었다. 곧, 조선의 왕은 혈통을 타고나는 것은 기본이고, 전인적인 능력에 학습 능력과 높은 도덕성까지 갖춘 존재가 되어야 했다. 여기에 반기를 든 연산군燕山君이 희대의 폭군으로 평가되는 것을 보면 조선의 국왕 노릇하기가 쉽지 않았음을 알 수 있다.

조선 중기에는 왕도정치의 화신化神으로 일컬어지는 조광조의 등장에 이어, 성리학 연구의 절정을 이룬 퇴계 이황과 그 부류들, 즉 사림파士林派가 학계와 정계를 장악하면서 국왕의 입지가 더욱 좁아진다. 조선의 국왕은 매우 이상적인 도덕 교사들이 우글거리는 가운데 어떤 행동을 할 때마다 눈치를 보는 처지에 놓이게 된 셈이다. 때문에 왕이 밖으로 외유를 나가려면 반드시 이유가 있어야 했다. 뿐만 아니라 명분이 있는 이동을 할 때에도 대부분의 신하들은 '백성의 생업에 해를 끼치는 행동'이라는 이유를 들어 반대하기 일쑤였다. 조선시대 국왕은 고려의 국왕과 달리 이동에 있어 크게 제한을 받았고, 이로 인해 '구중궁궐에 갇힌 외로운 신세' 취급을 받았던 것이다.

이처럼 많은 제약 속에서도 조선의 국왕은 이동의 명분을 찾았다. 대표적인 것이 건강을 위해 온천으로 거둥하는 온행과 왕실 제사를 지내기 위해 이동하는 능행이다. 그러나 온행과 능행의 목적이 단순히 국왕의 건강 치료와 왕릉 참배만은 아니었다. 시대 상황에 따라 국왕의 이동은 정치적으로나 사회적으로 큰 의미를 갖는 이벤트였기 때문이다.

태조 이성계가 평주 온천을 찾은 까닭은?

그런데 왜 하필 온천일까? 현대사회에서 뜨거운 물은 그리

귀한 것이 아니다. 원하면 언제든 얻을 수 있기 때문이다. 수
도꼭지를 열기만 하면 물이 나오고, 왼쪽과 오른쪽으로 돌리
면 뜨거운 물과 찬물을 쉽게 얻을 수 있다. 조선시대에는 수도
관은 물론 수도꼭지도 없었으니 물을 얻으려면 꽤 수고를 해야
했다. 우물에 가서 길어 오거나 주변 계곡으로 가야 했고, 뜨거
운 물을 이용하려면 더 많은 품이 들었다.

　당연히 뜨거운 물에 몸을 담그고 목욕을 하는 것은 꽤 사치
스러운 일에 속했다. 물을 끓이려면 나무를 구해 와서 태워야
했기 때문에 누구나 편하게 할 수 있는 일은 아니었다. 그래서
목욕 문화는 로마와 같이 귀족문화가 꽃피고 번성한 시대에 발
달하며, 그 자체로 사치스러운 행위로 그려지곤 했다.

　이처럼 구하기 어려운 뜨거운 물이 샘솟는 온천溫泉은 드문
자연현상이었기에 신비롭고 특별한 곳으로 생각되었다. 더욱
이 피부병이나 혈액순환, 종기 등에 효험이 있다고 알려지면서
온천은 더 특별한 공간이 되었다.

　조선의 국왕 역시 일찍이 온천의 효험을 알고 찾았음을 《조
선왕조실록》에서 확인할 수 있다. 가장 먼저 온천을 찾은 왕은
조선의 창업자인 태조太祖 이성계이다. 이성계가 개국 직후인
1392년 8월 친위 부대와 신하들을 거느리고 평주平州(현재의 황

해도 평산) 온천에 온행했다는 기록이 있다. 1335년생인 이성계는 당시 50대 후반의 나이였으므로 이런저런 질병을 치유하기 위해 온천을 찾은 것으로 보인다.

> 임금이 평주平州 온천溫泉에 거둥하니, 대간臺諫·중방重房·통례문通禮門·사관史官 각 1원員씩과 의흥친군위義興親軍衛가 시종侍從하고, 세자 군관世子軍官은 선의문宣義門 밖에서 지송祗送하였다. _《태조실록》 1권, 1392년 8월 21일

이때 온천에서 효험을 보았는지 태조는 다음 해인 1393년 4월에도 평주 온행을 이어 갔고, 1395년에도 다시 온행을 시도하였다. 그런데 창업 군주로서 강력한 권력을 갖고 있던 이성계 역시 신하들의 견제에서 자유롭지는 못했다. 사대부들은 평주 온천이 새로운 도읍지인 한양에서 300리나 되는 먼 거리에 있어 민폐가 크다며 온행을 반대하였다. 조선시대의 언론기관인 사간원의 간관諫官 한상환 등은 비교적 온건한 말로 태조의 온행을 만류하였다.

병을 고치려고 하는 것을 중지하라고 할 수는 없으나 온천이 신

도新都에서 3백여 리나 멀리 떨어져 있어, 바람과 이슬을 무릅쓰고 산을 넘고 내를 건너며 황무한 들판에서 연輦을 멈추어야 하오니, 병을 고치는 방법에도 좋지 못합니다. _《태조실록》 7권, 1395년 3월 18일

하지만 이성계는 반대 의견을 보기 좋게 묵살해 버렸다. "다만 민폐만 말하고 내 병은 걱정하지 않는구나"라면서 3월 21일 온행을 강행하였고, 4월 1일에도 온행을 이어 나갔다. 재위 마지막 해인 1398년에도 평주 온행을 간 것으로 보아 태조 이성계의 온행을 누구도 막지 못했음을 알 수 있다. 이는 조선 개국 초의 분위기가 아직 왕의 이동을 제어할 정도는 아니었음을 보여 준다. 태조의 온행은 뒤를 이은 왕들이 온행을 나서는 데 있어 좋은 명분이 되었다.

한편 태조가 평주 온천 외에도 한양 남쪽의 충청도에 있는 온천으로 행차하였다는 기록도 있다. 정확한 온천의 위치는 알 수 없지만 아마도 이때 온양온천이 처음 발견되었을 가능성도 있다. 이후 국왕의 온행은 거리도 멀고 길도 험난한 황해도의 평주보다는, 상대적으로 거리도 짧고 길도 무난한 경기도 이천과 충청남도 온양으로 바뀌었다. 태조의 뒤를 이은 태종 역시 평주 온천을 몇 차례 찾았으나, 점차 경기도 이천과 온양의 온

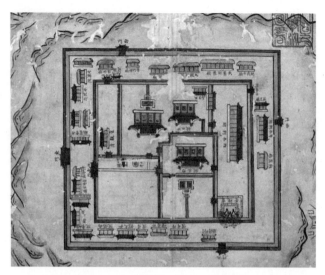

조선 후기 문헌 《영괴대기靈槐臺記》에 수록된 〈온양별궁전도溫陽別宮全圖〉
출처: 한국학중앙연구원

천을 찾는 횟수가 늘었고, 세종 대에 이르면 온행 횟수가 더 늘
어나고 아예 온양에 행궁을 세우기에 이르렀다.

온양 온천이 유명해지고 왕이 가장 많이 찾는 온천이 된 것
은 이동 거리, 이동 경로의 험난함, 온천 물의 효험 등 때문으
로 보인다. 태조 이성계는 창업주로서 강력한 왕권이 있었기에
먼 거리를 무릅쓰고 친위 군사와 측근 신하들을 데리고 자신의
고향 근처인 평주 온천을 찾아 온천욕을 즐길 수 있었다. 그러

나 뒤를 이은 태종은 치열한 왕위 계승 경쟁을 통해 등극한 왕이자, 태조의 아들 중 유일한 과거 합격자로서 성리학적 이념을 가장 잘 이해하고 있는 인물이었으므로 백성에게 민폐를 끼치지 않는 선에서 온행을 하려고 노력한 것으로 보인다. 상왕上王으로 물러난 아버지 태조 이성계를 뵈러 가기 위해 평주 온천을 찾곤 했던 태종은 말년에도 풍질風疾(혈액순환이 잘 되지 않아 갑자기 추워지면 생기는 노환으로 추정)이 생기면 평산과 이천 등지의 온천으로 거둥하였다.

세종이 사랑한 온양 온천

조선 전기 온행과 관련하여 빼놓을 수 없는 국왕은 세종이다. 세종은 잘 알려져 있는 것처럼 책 읽기를 즐기고 국사에 몰입한 나머지 건강을 신경 쓰지 못하여 비만했다고 한다. 당뇨병 증상인 안질眼疾(눈병)에 시달리고 피부병으로 고생하여 이를 치유하고자 온행을 즐겼다고 하는데, '애민愛民 군주'인 세종은 온행을 하면서도 백성들의 부역과 민폐를 걱정하였다. 그리하여 세종은 비교적 서울과 가까운 경기 지방에서 온천을 찾는

자에게 후한 상을 내릴 것을 약속하기도 했으나 이러한 노력이 무색하게 경기 지방의 온천은 찾기 힘들었고, 평주와 이천, 온양 온천 중 가장 피부병에 효험이 좋은 온양을 자주 찾았다.

당시 온천에 대한 평가를 보면, 평주의 온천물은 너무 뜨거워서 편안하게 온천욕을 하기에는 어려움이 있는 반면, 온양의 온천물은 온도도 적당하고 양도 많아 온천욕을 즐기기에 적당하다고 하였다. 또한 경기도 이천은 한양과 거리는 가깝지만 가는 길이 몹시 험하여 국왕의 어가가 이동하는 데 어려움이 큰 반면, 온양은 길은 멀지만 이동 경로가 무난하여 세종이 즐겨 찾았던 것으로 보인다. 세종은 온양 온천에서 병이 낫는 경험을 하면서 온양을 온수현溫水縣에서 온양군溫陽郡으로 승격시키고 행궁을 세우기도 하였다.

> 임금이 병이 나았으므로 특별히 온수현溫水縣을 승격하여 온양군溫陽郡으로 삼았다. _《세종실록》, 1441년 4월 17일

온천욕으로 세종이 효험을 본 사실은 《실록》 기사를 통해 확인할 수 있다. 1449년 12월 3일 세종은 하연·황보인 등 측근 대신들을 불러 놓고 다음과 같이 말했다.

'나의 안질眼疾은 이미 나았고, 말이 잘 나오지 않던 것도 조금 가벼워졌으며, 오른쪽 다리의 병도 차도가 있다. … (현재 왼쪽 다리가 불편하던 차에) 박연朴堧·하위지河緯地가 온천에서 목욕하고 바로 차도가 있었지만, 경들도 목욕하고서 병을 떠나게 함이 있었는가. 나도 또한 온천에 목욕하고자 하노라. _《세종실록》, 1449년 12월 3일

세종이 온천에서 효험을 보아 다시 온행에 나서려 했다는 사실과, 아픈 대신과 늙은 신하들에게 몸을 치유하기 위해 특별히 온양 온천을 이용할 수 있도록 했음을 알 수 있다. 《성종실록》에도 온양 행궁 중 국왕이 사용하는 어정御井의 어실 및 휴식소, 그리고 세자궁 침실 외의 시설에서 다른 사람들이 목욕하는 것을 허락했다는 기록이 있다. 물론 모든 사람이 온천

조선시대 국왕의 역대 온양 온행 사례

태조	1회	치료 및 요양
세종	4회	온양군 승격, 행궁 설립
세조	4회	행궁 보수(피부병 치료)
현종	5회	임진왜란 소실 행궁 복원
숙종	1회	치료 및 요양
영조, 사도세자	1회	요양(대민 접촉)

욕을 즐길 수는 없었고 사족土族과 그 가족에게만 목욕이 허락되었지만, 당시 온양 온천이 왕은 물론이고 고위급 관료들도 찾은 장소였음을 알 수 있다.

태조와 태종, 세종, 세조世祖 이후에도 왕들의 온양 온천 방문이 이어졌는데, 그중 가장 빈번하게 방문한 왕은 현종顯宗이었다. 특히 세종 대 이후로 온양 온천은 온천의 대명사가 되었고, 숙종肅宗 대 이후로는 특별한 치료 목적 외에도 요양과 대민 접촉의 계기로 온양 온행이 활용되었다.

세조가 온행길에 여우사냥을 한 까닭은?

앞에서 살펴보았듯, 왕들이 신하들의 만류와 반대에도 불구하고 온천을 찾은 가장 큰 목적은 병환 치료였다. 태조와 태종은 풍질, 즉 나이가 들면서 찾아온 질환을 치료하고 요양하기 위해 온천을 찾았다. 또한 두 왕은 고려 말기를 경험했던 인물로서 고려의 국왕들처럼 나들이의 성격으로도 온행을 활용했던 것으로 보인다. 애민 군주인 세종은 나들이를 위해서라기보다는 실제로 눈병과 피부병이 나아지는 등 온천 목욕으로 효험을 보고 온행을 즐겼던 듯하다. 이후 온천 방문이 이동의 명분으로 활용되는 것을 경험한 조선의 국왕들은 온행을 다른 목적으로도 활용한다. 대표적인 왕이 세조이다.

말년에 피부병으로 고통을 받았던 세조는 온양 행궁을 다시 수리하고 온행을 4번이나 다녔다. 세종의 다섯 째 아들인 세조는 수양대군 시절 부친 세종이 온양 행궁을 찾을 때 문종文宗, 안평대군 등과 함께 온천을 찾아 온천욕을 즐겼을 것이다. 온양 온천의 효험을 잘 알고 있었던 세조는 말년에 피부병과 종기가 생기자 온양 온천을 찾는다. 오랜만에 온양 행궁을 찾은 세조는 건물이 퇴락하고 시설이 노후된 것을 보고 행궁을 보수하기도 했다.

《세조실록》에 의하면 세조는 즉위 9년(1463) 12월 온양의 행궁을 살피게 한 뒤, 이듬해 3월에 첫 번째 온행을 단행하였다. 이어서 다음 해 8월 다시 온행을 나서면서 이때부터 온행 중에 사냥하는 모습을 보이는 등 자신의 캐릭터를 드러냈다. 세조는 사냥과 술자리를 선호하고, 이를 통해 호위 무사와 참모들을 양성하는 데 능한 인물이었는데, 이러한 능력을 온행에서도 잘 보여 주고 있어 흥미롭다.

대가大駕가 움직였다. 상군廂軍에게 명하여 길가에서 몰이하게 하여 여우[狐]를 잡고, 드디어 온양 탕정溫陽湯井의 행궁行宮에 이르렀다. _《세조실록》 36권, 1465년 8월 20일

오랜만에 온양 행궁을 방문하면서 세조는 측근들과 함께 여우몰이 사냥을 했다. 또한 온양 행궁을 이용하려면 수리가 필요하다고 여겨 1467년부터 1468년까지 수리를 진행시키고, 그 뒤 온양 행궁을 방문할 때에도 천안 신은역에 이르러 먼저 사냥을 하였다. 사냥과 술자리를 활용하는 세조의 정치적 능력을 새삼 확인할 수 있다. 세조는 술자리 정치, 즉 주석정치酒席政治를 통해 자신의 권위를 드러내고 왕권을 강화한 인물로 잘 알려져 있다. 단순히 술을 즐기고 회식을 좋아하는 것이 아니라, 이를 통해 자신에게 충성을 다할 사람을 감별해 내는 정치가로서의 면모를 갖고 있었다. 곧, 세조는 질병 치료뿐 아니라 정치적 행위의 일환으로 온행을 변화시킨 것이다.

한편, 세조의 온행과 관련해서는 세조의 피부병에 얽힌 일화를 소개하지 않을 수 없다. 세조가 계유정난癸酉靖難(세조가 조카인 단종을 몰아내고 왕위를 찬탈한 사건) 이후 심상치 않은 꿈을 꾼 뒤 피부병을 앓게 되었다는 이야기로, 《실록》 등의 정사에 기록

된 내용은 아니지만 1457년 세조가 단종복위운동을 전개한 성
삼문과 금성대군 등을 처참하게 죽이고 그 집안까지 멸문滅門
시킨 시대적 상황과 맞물려 이 이야기가 민간에 널리 퍼졌다.

그 내용인즉슨 단종을 낳은 후 4일 만에 죽은 현덕왕후顯德
王后 권씨가 1457년 6월 세조의 꿈에 나타나 세조의 얼굴에 침
을 뱉았고, 그 뒤부터 세조가 피부병을 앓기 시작하여 상태가
극심해져 나병癩病에까지 걸리게 되었다는 것이다. 이에 세조
가 불교에 귀의하여 사찰을 돌아다니며 불사를 자주 행하는 한
편, 피부병을 치료하기 위해 온양 온천을 찾게 되었다고 한다.
실제 세조는 현덕왕후 권씨의 모친과 동생이 모반을 한 사실을
알고 이들을 모두 죽였을 뿐 아니라 현덕왕후의 능까지 파서
그 지위를 격하시킨 바 있다.

현덕왕후顯德王后 권씨權氏의 어미 아지阿只와 그 동생 권자신
權自愼이 모반謀反하다가 주살誅殺을 당하였는데, 그 아비 권전權
專이 이미 추후하여 폐廢하여서 서인庶人으로 만들었으며, 또 노산
군魯山君이 종사宗社에 죄를 지어 이미 군君으로 강봉降封하였으
나, 그 어미는 아직도 명위名位를 보존하고 있으므로 마땅하지 않
으니, 청컨대 추후하여 폐廢하여서 서인庶人으로 만들어 개장改葬

하소서" 하니, 그대로 따랐다. _《세조실록》 8권, 1457년 6월 26일

　이러한 역사적 사실이 민간설화와 결합하면서 현덕왕후와 관련된 세조의 꿈과 피부병을 연관 지은 이야기가 민간에 퍼졌을 것이다. 두 번의 단종복위운동을 거치면서 많은 사람을 죽이고 왕권 유지에 대한 불안감과 압박감을 느끼던 중 피부병을 앓게 된 세조는, 누구의 저주라고 할 수는 없을지언정 극심한 정신적 피로와 육체적 질병에 시달리면서 이를 치유하고자 온천의 효험에 기댔던 것으로 보인다. 이와 더불어 온행 중에 사냥과 연회, 대민 접촉 행사 등을 벌여 왕권을 확인하고 단단히 하는 계기로 활용했다. 세조는 온양 별궁에서 무과武科와 별과別科를 실시하고 온양 백성들에게 은혜를 베풀기도 했다. 세조 이후 온양 온천으로의 온행은 성종成宗 대 정희왕후의 온행 이후 끊어졌고, 1592년 임진왜란으로 온양 행궁마저 소실되었다. 온양 온천 온행이 다시 시작된 것은 현종 대이다.

온천 마니아 현종

세조 이후로 온천을 사랑한 왕으로 꼽히는 인물은 현종이다. 현종은 온천을 자주 찾아 '온천 마니아', '온천 왕'으로 일컬어지기도 한다. 현종은 조선의 왕 중에서 그리 부각되는 인물은 아니다. 역사에 관심이 많은 사람들도 현종이 어떤 왕이었는지를 물어보면 쉽게 답할 수 있는 사람은 많지 않을 것이다. 현종은 1659년부터 1674년까지 15년간 재위했는데, 그 기간 중 일어난 주요 사건은 갑인예송甲寅禮訟과 기해예송己亥禮訟 정도이다. 그렇다고 해서 현종이 무능한 왕이라는 것이 아니라, 재위 기간 중에 특별한 사건이 없어 인상적으로 기억되지 않는다고 할 수 있다.

현종은 조선시대 왕 중에 유일하게 중국의 심양에서 태어났다는 점에서 특이한 부분도 없지 않다. 현종의 아버지는 청나라에 볼모로 잡혀 갔다가 돌아온 뒤 형 소현세자가 사망하여 둘째 아들임에도 왕위에 오른 북벌의 아이콘 효종孝宗이다. 현종은 아버지 효종이 왕세자가 되면서 곧바로 왕세손이 되었고, 단종 이후 200년 만에 왕세손 출신으로 왕위에 오른 인물이기도 하다. 현종은 효종이 재위 10년 만에 갑자기 세상을 떠나면서 18세의 나이에 왕위에 올랐다. 그러나 종기와 피부병을 앓아 온천을 자주 찾았던 현종은 잦은 병치레 때문인지 33세의 젊은 나이로 세상을 떠났다.

현종이 피부병과 종기를 치료하기 위해 온양 온천을 찾으면서 임진왜란 때 소실된 온양 행궁 복원 작업이 이루어졌다. 이후 현종은 1665년부터 1669년까지 매년 봄 연례행사처럼 온행을 할 정도로 온양 행궁에 애착을 보였다. 그래서 현종 하면 많은 이들이 예송논쟁과 온천을 떠올리는데, 흥미롭게도 전혀 상관없어 보이는 두 가지 이미지가 묘하게 어울린다. 예송논쟁은 현종의 부친인 효종이 장자가 아닌 차자로서 왕위에 오른 것과 관련하여 왕위 계승 정통성에 문제를 제기하며 왕실의 권위를 흔드는 민감한 문제였다. 즉, 병자호란 후 왕권이 약해진 상황에서 장자인 소현세자가 의문의 죽음을 당한 뒤 왕위를 차지한 효종의 아들이라는 점에서, 현종은 정통성이 매우 취약한 왕이었다.

이런 상황에서 신하들에게 둘러싸인 답답한 궁궐을 벗어나 백성을 직접 만날 수 있는 온행은 왕권을 확인할 수 있는 좋은 기회였다. 마침 현종은 지독한 피부병을 앓고 있었으니 질병 치료를 위해 온행을 나서면 신하들도 말리기 힘들었기 때문이다. 현종은 재위 기간 동안 총 5회의 온양 온행을 단행했다. 피부병과 안질을 치유하기 위한 목적이었는데, 실제로 현종의 증세는 세종과 세조보다 더 심각하여 침을 맞은 부분에도 부스럼이 번질 정도여서 매우 고통스러워했다고 한다. 피부병으로 고통을 겪던 중에 온천욕으로 효과를 보았다면 온천을 사랑하게 된 것은 당연해 보인다.

현종의 각별한 애정으로 온양 온천은 다시 명성을 얻게 되었다. 현종 이후에는 국왕의 신병 치료와 요양을 위한 명소로 꼽히게 되어 현종의 아들인 숙종肅宗, 손자인 영조英祖 등도 온양 온천을 찾았다.

온행 때 과거 시험을 치른 이유

숙종과 영조는 조선 후기 왕권 강화에 앞장섰던 대표적인 왕이자, 각각 46년과 52년 동안 재위하여 조선시대 왕 중 가장 오래 재위한 왕으로 꼽힌다. 숙종과 영조는 긴 재위 기간 동안 각각 한 번씩 온양 온행을 단행하였다. 현종처럼 피부병에 시달리지 않았고, 신하들의 만류도 있었을 테니 자주 온행을 나서기 어려웠을 것이다. 숙종과 영조의 온행에서 눈에 띄는 점은,

온행 때 별시別試를 치러 200여 명의 급제자를 선발하는 등 왕 권을 과시하는 행보를 보였다는 것이다.

과거 시험을 통한 인재 선발은 왕이 직접 관료를 선발한다 는 취지에서 왕권 강화와 연결되는 정치적 행위였다. 특히 왕 이 특정 지역을 방문하여 별도의 시험을 치르고, 특정 지역 출 신의 인물을 선발해 관직을 주는 별시는 왕권 강화의 수단으로 즐겨 사용되었다. 1464년 세조가 온행에 나서면서 처음 별시를 실시하여 문과에서 13명, 무과에서 60인을 선발한 바 있으며, 이후 국왕의 온행이 이뤄질 때마다 지속적으로 별시가 열렸다. 현종 대에는 다섯 번의 온행 중 두 번의 온행에서 별과를 진행 해 충청도 호적의 응시자만 선발하는 특혜를 주기도 하였다. 이때 180여 명의 무과 급제자를 선발하는 시혜를 베풀면서 대 규모 인원이 과거에 급제하는 특혜를 받았고, 국왕은 이를 통 해 충청도의 민심을 얻고 충성심을 확인하였다.

온양 온행 때 이루어진 과거 시험 급제자들의 면면을 보면 흥 미로운 인물도 상당히 섞여 있다. 가장 눈에 띄는 인물은 유자 광이다. 유자광은 1468년 세조의 온양 온행 때 별시에 응시하여 장원급제하였는데, 흥미로운 사실은 그가 원칙상 관직에 오를 수 없는 서얼庶孽 출신이었다는 점이다. 물론 이시애의 난(1467)

을 계기로 세조의 눈에 띄어 온행을 따라와 과거에 급제한 것이지만, 온양 별시 급제를 계기로 유자광은 그야말로 탄탄대로를 걷게 된다. 그는 예종睿宗 즉위 후 터진 남이南怡의 역모를 고변하여 공신에 오르고 성종에게 총애를 받았으며, 사림파의 대부인 김종직金宗直의 '조의제문弔義帝文(초나라 황제인 의제에게 조의를 표하는 글, 의제는 삼촌인 항우에게 죽임을 당한 왕으로 단종과 세조의 관계를 비유한 글로 밝혀져 무오사화의 단초가 됨)을 연산군에게 고변하여 최초의 사화를 일으킨 인물이기도 하다.

유자광과 더불어 사림파를 몰아내는 데 큰 역할을 한 훈구파의 거물 중 한 명인 이극돈 역시 온양 별시에 급제하면서 등장하였다. 세조가 자신이 평소에 아끼는 인물을 온양 별과에 응시하게 하여 측근을 양성하는 데 활용했음을 알 수 있다. 숙종과 영조 역시 이 별시를 통해 자신에게 충성할 인재를 등용함으로써 왕권 강화를 꾀한 것으로 보인다. 끊임없이 왕권 강화를 추구했던 숙종, 왕권의 정통성이 취약했던 영조의 온행은 대민 접촉과 별과 실시를 통해 왕권 강화를 도모하는 정치적 행위로 볼 수 있다.

이와 비슷한 맥락에서 현종의 온행 역시 피부병으로 인한 어쩔 수 없는 선택의 측면도 있지만, 왕권 강화의 목적이 작용했

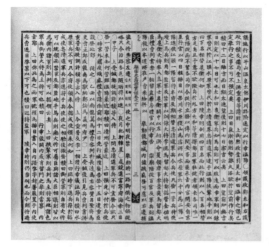

치료를 위한 온양 온천행의 결정과 일정 조율에 관해 기록한 《현종개수실록》 6년(1665) 4월 7일의 기사 출처: 한국고전번역원

다고 볼 여지도 있다. 현종 역시 부친인 효종의 왕위 계승 정통성이 빈약하여 예송논쟁 등을 통해 많은 상처를 받았기 때문이다. 더욱이 18세의 어린 나이에 갑자기 왕위에 오르면서 현종은 송시열이 이끄는 서인 세력의 강력한 견제로 인해 왕권을 제대로 발휘할 수 없었다. 그런 상황에서 온행은 백성들을 직접 만나고 각종 시혜를 베풀면서 왕으로서 존재감을 드러내고 자신감을 얻는 좋은 계기가 되었을 것이다.

국왕의 대표적 이동 명분, 능행

조선의 왕들이 온행보다 왕권 강화의 수단으로 즐겨 활용했던 모빌리티는 능행이다. 특히 조선 후기 국왕인 숙종, 영조, 정조正祖 등은 온행보다는 능행을 왕권 강화의 수단으로 활용하는 모습을 보여 주목된다. 조선 후기의 왕들은 왜 온행이 아니라 능행을 선택했을까? 조선왕조가 500년 가까이 지속되면서 세상을 떠난 왕과 왕비의 수가 많아졌고, 이들을 유교식 의례에 따라 매장함으로써 거대한 무덤군이 형성되었다. 따라서 자연스럽게 능행도 늘어났다. 특히 성리학을 신봉한 사대부들은 조상을 기억하고 만나 뵙는 의식인 제례祭禮, 즉 제사祭祀를 중시하였고 왕실 역시 그 영향을 받았다. 왕 역시 앞서 세상을 떠난 선왕先王의 왕릉을 직접 찾아 뵙고 제사를 지내기 위해 이동하는 능행을 중시하게 되었다.

능행은 선대왕과 왕비의 능침陵寢(왕과 왕비가 누운 곳, 왕릉)에 국왕이 거둥하여 전알展謁(만나 뵙고), 전배展拜(만나서 인사), 작헌례酌獻禮(술을 따라주는 례) 등의 의식을 거행하기 위해 이동하는 행위를 뜻한다. 구중궁궐에 갇힌 왕이 밖으로 행차할 수 있는 1년에 몇 번밖에 안 되는 이동 기회 중 하나가 능행이었다. 능행은 조선의 국왕이 정기적으로 밖으로 이동할 수 있는 가장 중요한 명분을 지닌 행행 중 하나였다.

조선시대에 능행이 처음 시작된 것은 1409년 5월 태종의 건원릉建元陵(태조의 릉) 능행이다. 처음에는 의례를 명분으로 삼는 이동에 불과했으나, 능행 후에 국왕이 개인적인 행사로서 오락과 연회宴會 등을 베풀면서 점차 국왕의 사적인 이동과 잔치를 열기 위한 이동의 성격을 갖게 되었다. 능행에는 국왕을 따르는 수많은 관원과 문무관료, 시위대인 군인들이 함께 이동했다.

이러한 능행의 성격은 조선왕릉이 자리 잡은 위치가 큰 원인으로 작용했을 것으로 보인다. 왕릉은 서울 시내에 위치할 수 없고, 사방 100리 안에 조성되어야 한다는 것이 조선의 법에 입각한 조건이었다. 즉, 조선시대 한양(현재의 서울시 종로구와 성북구, 강북구 일대) 밖인 경기도 일대에만 왕릉을 조성하도록 규정되어 있었다. 이를 근거로 태종은 계모繼母이자 자신과 왕위 쟁탈전을 벌인 이복동생 방석과 방번의 어머니인 신덕왕후 강씨의 왕릉인 정릉貞陵(현재 서울시 강북구 길음동 소재)을 한양의 사대문 안에서 밖으로 옮겨 버렸다. 뿐만 아니라 신덕왕후의 정릉 앞에 있던 석물石物(왕릉 주위에 둘러 세운 돌로 된 상)을 사

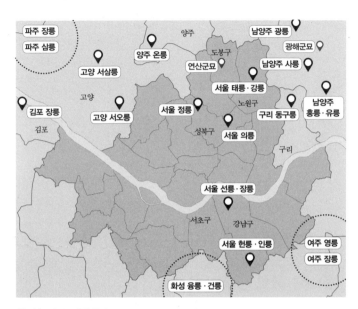

한눈에 보는 조선왕릉 출처: 문화재청

람들이 밟고 다니는 광통교의 석재로 사용하도록 하였으니, 신덕왕후에 대한 태종의 분노가 얼마나 컸는지 알 수 있다. 이와 관련하여 태종이 신덕왕후의 능이 경복궁 근처에 있는 것을 불편하게 여겨 현재의 서울시 중랑구 일대에 옮겨 버리고 관리하지 않던 것을 조선 후기에 현재의 위치로 옮겼다는 설이 있다.

조선왕릉은 당시 한양에서 100리(40킬로미터) 안의 경기도 일원인 현재의 서울시 강남구·강북구·노원구, 경기도 구리시·고양시·김포시·파주시 등을 비롯하여 100리 밖인 경기도 여주군과 수원시, 강원도 영월군, 북한의 개경에 이르는 다양한 지역에 소재하고 있어, 왕이 비교적 먼 거리를 이동하는 명분이 되었다. 2009년 태조의 건원릉부터 고종의 홍릉까지 조선왕릉 40기 전체가 유네스코 세계문화유산에 등재되면서 큰 주목을 받기도 했다.

참배와 취미 생활 사이에서

먼 거리를 이동할 때 국왕은 당연히 많은 신하와 군사들을 거느렸다. 능행에 나서서 한양을 벗어난 국왕은 군사 사열을 하거나 측근 신하들과 함께 사냥을 하고 우의를 돈독히 하는 연회를 벌이곤 했다. 왕들은 능행 경로 중 사람들이 많이 살지 않는 숲과 강 등을 지나며 잠시나마 홀가분한 기분을 느끼며 사적인 오락과 연회를 즐길 수 있었다. 능행에서 주로 이루어진 대표적인 행사는 사냥과 강무講武(무예 시범), 주연酒宴(술자리)이었다. 이는 고려시대 국왕의 사찰 행행 등의 전통이 이어

진 것으로 보인다. 조선 전기에는 아무래도 고려시대의 유제遺
制가 남아 있었고, 신하들 역시 이를 크게 견제하지 않았다. 능
행을 따르는 신하들 역시 능행에서 혜택을 입었기 때문에 크게
비판하지는 않았을 것이다.

태종은 능행 후 서울 동교東郊(광진구 일대)에서 사냥을 구경
하는가 하면, 살곶이(현재의 뚝섬) 일대에서 매사냥을 하면서 무
료함을 달랬고, 평소 무예와 사냥에 관심이 많았던 세조 역시
아차산 일대에서 매 사냥을 하고 한강의 명소 삼전도(현재의 잠
실 일대)에서 신하들을 불러모아 주연을 베풀기도 하였다. 측근
들을 치하하고 능행의 수고를 위로한 것이다. 그 외에도 능행
에는 무술 시범과 사냥이 어우러지는 강무가 함께 진행되거나
능행을 호위하는 군사들의 군대 사열이 이뤄지기도 했다. 세종
도 능행 후 매사냥을 하면서 긴장된 마음을 풀고, 한강의 명소
로 유명한 저자도 일대에서 낚시를 하며 국정에서 쌓인 시름을
달랬다.

이처럼 조선 전기 능행에서는 선왕의 능을 참배하는 의례와
국왕의 외유인 유락遊樂 행위가 함께 이루어졌으며, 본래 목적
인 제사와 참배 목적보다는 외유 성격이 더욱 부각되는 경향
을 보인다. 조선 전기에 조성된 왕릉이 주로 한강 건너편에 위

태릉 전경 출처: 문화재청

치하고 있었기에 국왕의 외유와 오락 행사가 더욱 특별하게 자리 잡은 것으로 보인다. 오랜만에 궁궐을 빠져나온 왕은 한강을 건너면서 저자도와 삼전도 등의 명소를 들르는 등 여유로운 시간을 가질 수 있었다. 한편 태종과 세조는 한강을 건너기 전 아차산과 뚝섬 일대에서 자연을 벗 삼아 사냥을 하고 군사 훈련을 하면서 왕권을 과시하고 왕으로서의 권위를 실감하기도 하였다. 세종은 무예보다는 책을 즐겼기 때문인지 사냥과 군사 사열보다는 낚시와 한강 유람을 즐겼다는 점에서 태종, 세조와 비교된다.

한편 능행 과정에서 많은 백성과 시위 군사들이 어가를 호종하는 까닭에 백성들과 군사들을 위로할 필요가 있었다. 그리하여 명승지에서 유람을 즐기는 일정도 추가하고 수고한 신하들과 군사들을 치하하는 연회와 포상도 갖게 되었다. 현대에도 조선왕릉은 문화재로 인식되기 전까지 많은 초등학생과 중고등학생의 단골 소풍 장소이기도 했다.

능행왕 중종

조선 중기에 이르면 국왕의 능행에서 외유의 성격이 점차 제한을 받는다. 이를 잘 보여 주는 국왕이 연산군을 몰아내고 왕위에 오른 중종中宗이다. 중종은 성종의 여덟 번째 아들로 연산군과 어머니는 다르지만 정현왕후 윤씨의 소생이므로 왕위에 오를 수 있는 혈통을 지닌 왕자였다. 그러나 연산군의 폭정을 견디지 못한 박원종·성희안 등 반정공신의 추대로 왕위에 올랐기에, 첫 번째 부인인 단경왕후端敬王后 신씨와 억지로 헤어지고 장경왕후章敬王后 윤씨와 다시 혼인을 해야 할 정도로 왕권이 미약했다. 게다가 사화土禍로 화를 입고 정계에서 물러나 유배 생활 중이던 사림파의 영향을 받은 조광조가 '왕도사상'을 앞세우고 등장하여 중종을 압박하였다.

재위 초반에 중종은 반정공신인 훈구파들이 왕권을 위협하는 현실에 불만을 품고, 이를 견제하기 위해 반대 세력인 사림파이자 젊은 개혁파인 조광조 등을 등용하여 왕권을 강화하고자 했다. 조광조는 '국왕도 성리학을 공부하고 성인군자가 되어 백성들을 이상 국가로 인도하기 위해 솔선수범하는 존재'여야 한다고 보는 성리학적 이상주의자였다.

그는 중종의 왕권 강화 염원을 들어주기는커녕 "아니 되옵니다"를 연발하여 중종의 심기를 불편하게 하기 일쑤였다. 특히 조광조는 1518년 8월 왕실의 도교 사원인 소격서를 혁파해야 한다는 상소를 8월 22일부터 9월 2일까지 무려 열흘이 넘도록 줄기차게 청원하면서 고집을 꺾지 않는 과격함을 보이기도 하였다.

조광조는 중종이 허락하지 않아도 열을 올리면서 끝까지 반대를 일삼아 중종의 심기를 불편하게 하였다. 그래서일까? 공교롭게도 조광조의 소격서 혁파 요구가 있고 얼마 지나지 않아 중종은 선릉 능행을 단행하였고, 뒤이어 11월에 기묘사화가 발발하여 조광조는 정계에서 축출당하였다.

상이 선릉宣陵에 친제親祭하였다. _《중종실록》 36권, 1519년 9월 9일

한편, 재위 초인 1507년부터 1509년까지 꾸준히 선릉을 찾는 등 능행에 적극적이었던 중종이 조광조가 축출되는 1519년까지 능행에 나서지 않은 것도 눈여겨볼 만하다. 물론 조광조가 정계에 등장한 것이 1515년 무렵이므로 중종의 능행이 한동안 이뤄지지 않은 것이 조광조 때문이라고 보기는 어렵다. 다만 '성학군주聖學君主'(군주가 성리학을 통해 성군이 되는 것)가 될 것을 강조하며 학문과 도덕성을 갖춘 국왕이 될 것을 요구했던 조광조였기에 농번기에 능행을 하려 했거나 대규모 부역을 동원했다면 격하게 반대했을 것이 불 보듯 뻔하다. 소격서 혁파를 위해 국왕에게 매일같이 상소를 올리는 조광조의 모습을 보면, 이때 중종이 능행을 자제할 수밖에 없었을 것임을 미루어 짐작할 수 있다.

자신의 혈통을 강조하기 위해서 매년 선왕인 성종과 친어머니인 정현왕후 윤씨의 능침이 있는 선릉으로 능행을 나섰던 중종이 약 10년간 능행을 하지 않다가 1519년 9월 선릉 능행을 다

시 단행하고, 이후 두 달 만에 기묘사화가 발생하였으니 중종이 다시금 능행에 나선 것은 왕권 강화를 꾀하기 위한 정계 재편의 신호탄이었으며, 아울러 능행이 잠시 중단되었던 것도 조광조와 사림파의 왕권 견제의 영향으로 볼 수 있을 것이다.

재위 초부터 능행에 적극적이었던 중종은 기묘사화 후에 더욱 능행의 횟수를 늘렸다. 중종은 기묘사화 후인 1520년 4월 20일에 곧바로 선릉 능행을 하려 하였으나 한강에 물이 불어 배를 탈 수 없어 뜻을 이루지는 못하였다. 기묘사화 직후 다시 선릉 능행을 연이어 진행하려 한 것 역시, 왕권 강화를 꾀하려는 시도로 볼 수 있다.

중종이 능행에 특별한 애정을 갖고 있었음은 여러 사례를 통해 확인할 수 있다. 현종이 '온천왕'이라면, 중종은 조선 전기의 '능행왕'이라고 할 만하다. 중종은 재위 4년차에 선릉 능행을 감행하면서 배를 타고 한양으로 돌아오는 길에 주악奏樂(음악을 연주함)을 하여 신하들에게 빈축을 사기도 했다. 중종의 능행 사랑은 한강과도 관련이 깊어 보인다. 선릉은 현재의 강남구 한복판에 위치하고 있어 반드시 한강을 건너야 했는데 이때 세종과 세조의 유락, 즉 취미 생활을 본받아 배에서 음악을 연주하고 연회를 베풀었던 것으로 보인다.

이후 선릉을 더 자주 찾은 중종은, 좀 더 쉽게 능행을 하기 위해 여러 가지 방안을 모색하였다. 한강 이남 지역에는 태종의 헌릉·세종의 영릉·성종의 선릉 등이 자리하고 있었는데, 이곳에 가려면 배를 타고 한강을 건너야 했기에 많은 인력과 재력이 들었다. 중종은 좀 더 쉽게 한강을 건널 방법을 찾았고 그 결과 배다리, 즉 어선을 연결하여 다리를 만들어 건너는 방법을 고안하게 되었다. 이에 따라 1536년 중종의 능행 시에 나룻배를 빌려 배다리를 제작하기 시작했다.

중종의 능행 경로를 대략 정리해 보면, 궁궐에서 나와 동대문을 통과한 후 왕십리, 살곶이를 거쳐 화양정이나 뚝섬 일대에서 휴식을 가진 듯하다. 세종이 저자도에서 낚시를 하고, 세조가 뚝섬에서 사냥을 했다는 기록을 볼 때, 세종과 세조 때의 능행과 동일한 노정으로 보인다. 이어 한강을 건넌 후에는 가장 가까운 삼전도 나루에 도착한 뒤 선릉으로 이동했다. 이 길은 연산군 때 개발되었을 가능성도 있지만, 중종이 선릉을 자주 찾으면서 개발된 경로로 보인다. 선릉까지 도착하기 위해 가장 짧은 길을 찾은 결과였을 것이기 때문이다.

이때 중종은 근처에 위치한 태종의 헌릉을 함께 참배하거나 배를 타고 더 멀리 있는 세종의 영릉(경기도 여주)을 방문하기도

겸재 정선의 〈압구정도狎鷗亭圖〉. 우측으로 저자도와 살곶이가 보인다.
출처: 간송미술문화재단

했다. 이후 돌아갈 때에도 삼전도를 지나 제천정에 들린 후 뚝
섬과 동교東郊(현재의 광진구)를 지나 보제원普濟院(현재의 안암동
일대)에서 잠시 머무른 후 궁궐로 돌아갔다. 이때 중종은 능행
경로 주변 지역의 수령과 관원들에게 상을 내리고, 백성들에게
과거 시험을 볼 수 있는 특혜를 주었다.

더불어 돌아오는 길에 잠시 머무르는 중에도 억울한 백성들
의 민원을 들으며 민심을 직접 청취하는 시간을 가지며 왕권을
과시하고 백성들에게 군주의 모습을 보여 왕실의 위상을 드높

이는 방법을 적극 모색하였다. 멀리 있는 여주의 영릉과 황해도의 제릉(태조 비 신의왕후의 릉)까지 두루 찾아다녔으니 가히 능행왕다운 모습이라고 할 수 있다.

1535년 중종이 제릉으로 능행을 가려 하자, 한강을 건너 능행을 다니는 일에는 크게 반대하지 않았던 신하들도 극구 말리고 나섰다. 제릉은 태조 이성계의 첫 왕비인 신의왕후의 왕릉으로 황해도에 위치하고 있어 능행하기에 상당히 먼 거리였다. 일반적으로 왕의 능행은 30리를 벗어나지 않았는데, 너무 먼 거리를 이동하면 민폐를 끼칠 수 있어 신하들이 이를 우려한 것이다. 능행은 온행에 비해 긴 시간을 소요하지 않지만 거리가 멀수록 민폐가 커질 수밖에 없었다.

능행을 위해서는 우선 왕이 머무르는 공간인 행궁 수리와 정비, 도로 확대와 교량 정비 및 신설 등이 필요했다. 또한 한강을 건널 때에는 배다리를 축조할 군함 및 선박은 물론 수천 명의 시위군을 징발해야 했으므로 민폐가 따르는 것이 당연했다. 때문에 조선 중기에 접어들면서 사림파를 비롯한 관료들은 능행으로 인해 얻는 혜택이 있음에도 크게 반대하였다.

제릉 능행은 선릉이나 영릉 능행보다 훨씬 먼 거리이고 육로를 통해 이동하는 것이기에 더 큰 반대에 부딪혔다. 더욱이 제릉 능행에 왕의 유람 코스가 포함되어 있어 논란이 되었다. 중종은 31년 간 제릉을 참배하지 못했으므로 가야겠다면서 관례에 따라 박연폭포를 방문하는 유람 일정을 포함시키려 했다. 그러자 신하들은 왕이 박연폭포를 방문하면 관할 지역인 개성부에서 박연폭포로 향하는 골짜기를 새로 뚫어 큰 길을 내고 개울에 다리도 놓아야 하며, 더욱이 경작지를 도로로 만들어야 하니 백성들이 큰 피해를 입을 것이라며 반대하고 나섰다. 그럼에도 중종은 제릉 능행 중에 박연폭포 유람을 계속 고집하며 뜻을 굽히지 않았고, 왕실의 권위를 드러낸다는 이유로 종실과 재상들을 모아 연회를 베풀고 매사냥을 하는 등 능행을 유람의 기회로 삼으려 했다.

논란이 컸던 때문인지 중종의 제릉 능행 이후로 국왕의 능행에는 더 이상 사냥, 연회, 명승지 유람 등이 포함되지 않게 된 것으로 보인다. 이런 점에서 중종의 능행은 능행로를 개발하고 효율적으로 만드는 역할도 했지만, 국왕의 취미 생활과 외유의 성격이 감소되는 계기가 되기도 했다.

중종은 왜 이렇게 능행에 집착했을까? 중종은 재위 초반 능행을 시도하다가 신하들의 견제로 10년 간 능행을 중지하였다. 그런데 1519년 선릉 능행을 다시 시행한 후 1520년, 1525년, 1528

년, 1529년 연달아 선릉 능행을 단행하는가 하면, 광릉(세조) · 영릉(세종) · 제릉(신의왕후) 능행 등에 나서면서 재위 만년에 더욱 능행에 집착하는 모습을 보인다. 중종은 재위 초반기에 약한 왕권을 보완하기 위해 능행을 활용하다가 기묘사화 이후 왕실의 권위가 강화되자 점차 능행을 활용해 왕실의 권위를 외부로 드러내려 한 듯하다. 재위 후반기에 왕권이 어느 정도 안정되자 이를 과시하는 수단으로 능행을 활용한 것으로도 보인다.

실제 중종은 1529년부터 거의 매년 선릉 능행을 지속하고, 이 과정에서 백성들을 만나 각종 시혜를 베풀고 별도의 과거 시험을 치르게 해 백성들의 노고를 치하하며 왕권을 과시하였다. 중종의 능행은 조선 초기 국왕의 능행이 의례적 절차이자 국왕의 외유를 위한 행사로 활용되다가, 점차 왕권을 과시하고 백성들에게 왕위의 정통성을 드러내는 의례 행사로 변화되어 가는 경향을 보인다는 점에서 의미가 있다.

외유에서 대민 행사로

조선 후기 들어 왕릉이 늘어남에 따라 능행도 기하급수적으로 증가하였다. 능행은 기본적으로 왕이 선왕을 비롯한 왕실 어른들의 능침을 배알하고 참배하기 위한 거둥이므로, 시간이 흐름에 따라 능행이 증가하는 것은 자연스러운 일이다. 그러나 임진왜란과 병자호란 이후 왕실의 위상이 추락하고, 인조반정 이후 역모와 반란 사건이 잦아지면서 능행이 왕권 강화의 수단으로 활용된 점이 적지 않다. 실제 왕권의 정통성이 약한 영조가 77회의 가장 많은 능행을 단행하였고, 혈통에 단점이 있는 '강화도령' 출신 철종이 재위 기간 대비 가장 많은 능행(39회)을 단행하였다.

특히 영조는 친모인 숙빈 최씨의 사당 육상궁毓祥宮과 묘소 소령원昭寧園을 조성하고 자주 방문함으로써 왕위 계승의 정통성을 드러내려 했다. 숙빈 최씨는 오작인忤作人, 즉 시체를 검안하는 일을 하는 천민의 후손으로 알려져 있다. 그런데 궁에 들어와 숙종의 총애를 받은 후 영조를 낳아 숙빈의 칭호를 얻었다. 후궁에서 왕비의 자리까지 올랐던 장희빈의 아들 경종景宗에 비하면 영조의 출신은 한참 처졌다. 이에 영조는 숙빈 최씨의 사당을 가까운 경복궁 인근의 북악산 아래에 조성하고 시간이 날 때마다 방문하였다. 52년의 재위 기간 동안 총 252회 행행하였으니 1년에 5차례 이상 방문한 셈이다. 모친인 숙빈 최씨의 위상을 높이고 자신의 효심을 드러내려 한 것이다.

한편, 조선 후기에 들어서면서 능행과 원행園行(세자·왕자·후궁의 묘와 원을 방문하는 일)은 단순한 효심의 의례를 넘어서 대민 접촉의 현장으로 활용되었다는 점에서 그 의미가 특별해졌다. 더 이상 능행에서 사냥·연회·유흥 등의 시간을 갖지 않고, 백성들의 민원을 들어주거나 민폐에 대한 보상으로 토지세를 감면해 주었으며, 곡식을 나눠 주는 구휼, 효자와 충신을 표창하는 정려旌閭와 곡식 하사 등의 포상, 별시를 통한 기회 부여 등을 통해 왕권을 백성들에게 직접 과시하는 계기로 삼았다. 이러한 맥락에서 영조는 잦은 능행과 원행을 통해 자신이 경종의 왕위를 탈취했다는 소문, 1728년의 역모 사건 등에 대해 대처하고자 백성들을 직접 대면하고 이들에게 국왕의 은택을 직접 보임으로써 왕권을 과시하고 민심을 얻어 나갔다.

영조 대 이후 국왕의 능행은 민폐를 끼치는 행사라기보다는 국왕을 직접 만나 볼 수 있고, 국왕에게 억울한 일을 호소하는 격쟁과 상언의 기회로 인식되었다. 능행이 국왕의 모습을 직접 보고 국왕이 내려 주는 혜택을 체험할 수 있는 축제로 인식되는 측면이 커진 것이다.

영조의 뒤를 이은 정조 역시 정통성 강화의 방법을 계승할 필요가 있었다. 정조는 영조의 손자였지만 생부 사도세자가 영조의 명에 의해 뒤주에 갇혀 사망했다. 친부가 죄인으로서 죽임을 당했기에 즉위 초부터 왕권이 약할 수 밖에 없었다. 실제로 즉위 직후부터 역모 사건을 겪으며, 일설에 의하면 갑옷을 입고 잠을 청해야 할 정도로 위협을 느꼈다고 한다.

정조는 영조가 생모 숙빈 최씨의 사당을 모시고 자주 찾았듯, 사도세자의 사당인 경모궁을 창덕궁 근처(현재의 성균관대 인근)에 세우고 총 344회나 방문했다. 24년의 재위 기간 동안 1년에 15회가량 찾았으니 영조보다 더 빈번하게 부친의 사당을 방문한 것이다. 정조는 더 나아가 1789년에는 배봉산에 초라하게 조성되어 있던 사도세자의 묘를 수원 화산으로 옮긴 후, 매년 한 차례씩 총 13회나 수원으로 거둥하였다.

정조는 1789년 10월 6일 첫 원행을 단행해 당시 천봉(묘소를 옮기는 일) 중이던 현륭원 공역을 직접 지켜보는 한편, 수원 화성 인근의 주민들을 만나 위로하는 등 화성 건축을 염두에 둔 정치적 행보를 시작했다. 현륭원 조성을 기점으로 당시로서는 엄청난 규모의 수원 화성을 건축하여 자신의 왕권을 군사적으로나 경제적으로 지지해 줄 수 있는 기반으로 조성하고자 한 것이다.

조선 후기 국왕의 능행 횟수

숙종	47년	48회, 숭릉(현종) 12회
경종	4년	3회, 명릉(숙종) 3회
영조	52년	77회, 명릉(숙종) 25회
정조	24년	65회, 원릉(영조) 10회
순조	34년	44회, 원릉 · 건릉(정조) 9회

이처럼 조선 후기에 국왕의 능행이 잦아지고, 이동 지역과 거리도 늘어나면서 다양한 경로의 뱃길이 생겨났다. 특히, 성종의 선릉 방문, 중종의 정릉靖陵 방문 때 반드시 한강을 건너야 했기 때문에 좀 더 짧고 안전한 수로를 개척하여 이동하는 모습을 보인다. 1746년 영조의 정릉 거둥을 기록한《승정원일기》에 따르면, 영조는 창경궁의 빈양문賓陽門을 나온 뒤 명정전을 지나 금천교를 건너 창덕궁, 종묘를 통해 궁궐을 빠져 나왔다. 이후 조선 전기의 경로인 뚝섬과 아차산 일대를 통과하지 않고, 용산에 있는 서빙고(현 용산구 서빙고동) 모래밭에 이르러서 전선戰船을 타고 한강을 건넜다. 이후 영조는 먼저 선릉을 방문한 뒤에 정릉으로 이동한 것으로 보인다. 이때 흥미로운 점은 영조가 한강의 제일 명소로 압구정을 꼽고, 현재는 어디인지 알 수 없는 정자인 제천정을 경유하여 유람을 즐긴 일

에 대해서 물었다는 것이다. 영조 역시 조선 전기 능행에서 국왕이 유람과 취미 활동을 즐겼던 것을 알고 있었던 것으로 보인다. 돌아가는 길에 영조는 배를 타고 지금의 동작구에 위치한 남관왕묘 앞에 도착한 뒤 남대문로 4가 청계천의 수각교水閣橋를 지나 종로구 안의동의 이현궁梨峴宮을 통해 창경궁 홍화문으로 환궁하였다.

정조, 능행에서 왕의 위엄을 드러내다

정조는 아버지인 사도세자의 묘를 옮기고 자주 원행에 나선 것도 모자라 아예 인근에 도시를 조성했다는 점에서 주목할 만하다. 즉위 초부터 왕권의 위협을 느낀 정조는 부친인 사도세자의 신분을 더 이상 '죄인'이 아닌 '왕'으로 격상시킬 필요를 느꼈다. 정조는 즉위하자마자 "나는 사도세자의 아들이다"라고 하여 자신의 정통성이 사도세자에게 있음을 드러내는 과감한 행보를 보였다. 이에 대한 해석이 분분한데, 이후 행보를 보면 정조가 영조의 손자로 왕위를 보전하는 것보다 영조-사도세자-정조로 이어지는 왕위 계승의 정통성을 완성하여 그 누구도 자신을 '죄인의 아들'로 인식하지 못하도록 하려는 의지를 드러낸 것이라 할 수 있다.

과거 영조의 명을 받아 사도세자를 죽음에 몰아넣는 데 일조한 신하들은 정조의 정치적 복수를 두려워하였고, 이 두려움은 정조의 왕위 계승에 대한 불만과 반발로 이어질 수 있었다. 이러한 상황에서 정조는 사도세자에 대한 좋은 기억을 불러일으키고자 갖은 노력을 하였고, 온행과 능행을 통해 백성들과 적극적으로 만나 왕위의 정통성을 드러내려 했다.

정조는 사도세자의 묘소를 수원으로 옮기는 공사를 보기 위해 첫 원행을 할 때, 수원에 들어서자마자 1760년 사도세자가 온양 온천에 행차하면서 잠시 쉬었던 주정소晝停所를 방문하였다. 이곳에서 경기 감사에게 명하여 사도세자의 행차를 기억하는 노인을 찾아 쌀을 나누어 주는 등, 수원과 사도세자의 특별한 관계를 부각시켰다.

또한 수원의 행궁에 도착해서는 현륭원의 옹가甕家(봉분 위에 설치한 임시 건물)에 올라 사도세자의 관을 안장하는 절차를 밤새 살펴볼 정도로 사도세자의 묘소를 옮기는 일에 온 힘을 기울였다. 이튿날 정조는 향교 앞에서 유생 10여 명을 만나고 특별한 과거 시험 시행을 약속하여 수원 백성들의 민심을 다독이고, 사도세자와 수원 화성의 관계를 새롭게 다졌다.

이처럼 정조는 사도세자의 이미지 쇄신을 위해 묘소를 옮기고 현륭원이 자리 잡은 수원에서 사도세자와 자신의 관계를 노골적으로 드러내며 그 위상을 강화시켜 나갔다. 이후에도 정조는 총 13회 현륭원을 행차하면서 수원 백성들에게 쌀을 나눠 주고 유생을 대상으로 별시를 치르는 등 원행을 대민 접촉의 기회로 삼았다.

정조의 원행 중 가장 눈여겨볼 것은 제7차 원행이다. 정조는 1795년 수원 화성에서 사도세자와 혜경궁 홍씨의 회갑연을 열기 위해 다년간 준비하였다. 현륭원 원행로를 정비하고 현륭원과 화성 행궁을 개보수하는 등 혜경궁 홍씨에게 뜻깊은 회갑연을 열어 주기 위해 노력했다. 사도세자와 혜경궁 홍씨의 회갑연은 왕실의 권위를 드러내고 수원 백성들과 접촉할 수 있는 매우 중요한 기회였다. 실제로 1795년 대대적인 왕실 행차가 수원으로 이어지면서 현륭원의 위상이 강화되고, 공역이 진행되고 있던 수원 화성은 더욱 주목받게 되었다. 이어 다음 해인 1796년 화성 성역이 완료되면서 수원 화성의 경제·군사적 입지는 더욱 강화되었다.

이후 8차부터 13차에 이르는 원행 기간 동안 정조는 수원 화

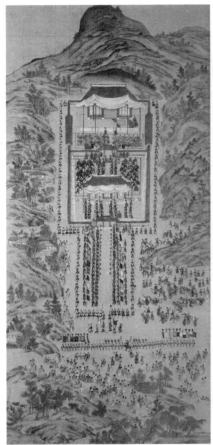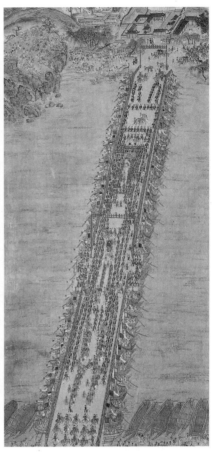

1795년 정조의 화성 능행 중 명륜당 참배(왼쪽)와 배다리를 건너는 장면(오른쪽). 〈화성행행도팔첩병華城行幸圖八疊屛〉 중 출처: 수원문화재단

성의 입지를 튼튼히 하고자 화성 백성들을 만나 시혜를 베푸는 등 대민 접촉 기회를 더욱 확대하였다. 정조의 잦은 원행으로 서울과 수원 화성의 경로가 더 다양해지고 좀 더 쉽고 빠르게 이동할 수 있는 방법이 고안되면서 수원 화성의 입지는 더 단단해졌다.

정조는 2차 원행부터 원활한 현륭원 원행을 위해 도로 확장 공사를 진행한 바 있다. 또한 배다리의 중요성을 느껴《주교지남舟橋指南》을 편찬하게 하였으며, 〈주교절목〉을 만들어 배다리 제작에 활용하도록 했다. 정약용의 아이디어가 기반이 된 주교를 노량에 가설하여 한강을 건너는 방법을 고안함으로써 과천으로 향하는 최적의 경로를 확보할 수 있었다. 본래 정조는 창경궁 홍화문을 거쳐 흥인지문을 나와 1789년 뚝섬에 가설된 주교를 다시 이용하여 한강을 건너는 방법이 가장 좋다고 여겼는데, 노량에 주교를 설치함으로써 더 좋은 길로 원행을 나설 수 있게 되었다.

이외에도 정조는 원행로를 확장하기 위해 1791년부터 새로운 길인 금천로衿川路를 닦아 대로를 만듦으로써, 수원 화성으로 향하는 도로 개수를 완료하는 성과를 이뤄 냈다. 금천 관아에 설치한 시흥 행궁을 이용함으로써 비교적 편안한 도로로 거둥할 수 있었고, 혜경궁 홍씨도 편히 행궁에서 쉬고 화성으로 이동할 수 있었다. 이때 안양천을 건너는 것이 큰 난제로 떠오르자 정조는 안양천에 돌로 세운 만안교萬安橋를 놓아 서울에서 화성으로 향하는 길을 대대적으로 정비, 신설하여 그야말로 수원 화성을 신도시로 만들었다.

이외에도 정조는 1791년 3차 원행 때 과천 행궁의 부림헌富林軒을 경유지로 정착시키고, 2차 원행에서는 수원 관아에 도착하여 화성 행궁을 정한 뒤 직접 어필御筆 현판을 내려 그 역할을 확실히 하였다. 이로써 정조가 휴식하는 공간인 동헌은 장남헌壯南軒, 내아內衙(안채)는 복내당福內堂, 사정射亭은 득중정得中亭이라 하고 원행 때마다 적극 활용하였다. 정조는 원행 때마다 장남헌에 머물고 득중정 근처에서 활쏘기를 하였으며, 장기간 머무르면서 주변 유생과 무사를 불러 시험을 치르게 하여 문관과 무관의 인재 양성의 장으로 활용했다. 한편, 자신의 어진御眞 1본本을 현륭원의 재전齋殿에 봉안해 그 의미를 확장시켰다.

이처럼 현륭원과 화성을 찾을 때마다 민심을 달래고 지역민들의 민심을 얻기 위해 애쓴 정조는 1795년 생부인 사도세자와 혜경궁 홍씨의 회갑연을 현륭원과 화성 행궁에서 개최하여 자신이 사도세자의 아들임을 공식적으로 천명하는 기회로 삼았다. 현륭원에 도착한 혜경궁 홍씨가 가마 안에서 통곡을 금치 못하자 정조도 쏟아지는 눈물을 참지 못하고 큰 소리로 울었다고 하니, 그간의 마음고생을 비로소 덜어낸 정조의 소회가 얼마나 각별했을지 짐작할 만하다. 정조가 현륭원과 화성 공역에 쏟은 특별한 애착과 노력, 그리고 그 바탕에 사도세자의 신분 복원이 자리하고 있음을 확인할 수 있다.

이때 화성 행궁에서 혜경궁 홍씨의 회갑 잔치와 각종 행사가 열렸고, 정조는 화성 서장대에 친히 나아가 주간 및 야간 군사 훈련을 실시하여 자신의 왕권이 안정되었음을 만방에 선포했다. 이튿날 정조는 혜경궁 홍씨의 만수萬壽를 기원하는 의미를 담은 봉수당奉壽堂에서 회갑 잔치를 성대하게 마치고, 신풍루에서 화성 주민들에게 쌀을 나누어 주고 낙남헌落南軒에서 양로연을 베풀어 주민들을 위로했다.

이로써 정조는 '죄인'으로 죽었다는 사도세자의 오명을 벗기고, 자신의 정통성에 대한 의문을 일소하였다. 이후 정조는 자신감을 얻어 매년 현륭원 행차를 하면서 수원 화성 성역까지 마무리하여, '갑자년(1804) 구상'으로 일컬어지는 왕권 강화책도 실현하는 단계에 이르게 되었다.

'갑자년 구상'은 정조가 세자인 순조純祖가 열다섯 살이 되는 1804년에 왕위를 선위하고 어머니 혜경궁 홍씨와 함께 수원 화성으로 내려와 상왕으로서 노후를 보내려고 했던 계획을 말하는데, 이는 1796년부터 1800년까지 이루어진 6번의 원행을 통해 점차 현실화된다. 정조는 화성의 경제 부흥책을 고심하면서, 화성의 백성들에게 경제적 혜택을 부여함으로써 화성 주민의 삶이 더욱 윤택해질 수 있는 방법을 고민하였다.

일례로 1798년 1월의 11차 원행에서 정조는 환궁하는 길에 청천평淸川坪(맑은내들)에 들러 백성들에게 약과와 술단지를 나눠 주면서 백성이 임금에게 직접 고하는 상언上言을 하게 하였다. 이듬해의 12차 원행에서도 정조는 환궁길인 사근평肆勤坪 앞길에서 밭길을 따라 격쟁擊錚(백성들이 왕에게 고통을 호소하는 일)하는 백성들을 만나 위무하는 등 대민 접촉을 이어 나갔다.

한편, 정조는 1796년 화성 성역이 마무리되자 성곽을 살피고 동장대에서 활쏘기를 하며 친히 열병하는 등 화성을 세자를 보호할 보장처保障處로 삼으려는 의도를 드러냈다. 또한 화서문 누각을 지난 후 층계가 구불구불하여 빙빙 돌아 오르게 되어 있는 서북공심돈을 직접 살펴보고, 장안문·화홍문을 거쳐 서장대까지 화성 전체를 모두 둘러보는 정성을 보였다.

이외에도 정조는 8차 원행 이후로는 원행 때마다 화성 지역의 관개시설 부족에 관심을 보이는 등 민생을 각별히 살피는 기회로 삼았다. 그리하여 연못에 불과하던 곳에 저수지인 만석거萬石渠를 건축하고, 현륭원 근처에 만년제萬年堤를 개축해 주변 농토에 농업용수를 원활히 제공할 수 있도록 하였다. 이는 화성 이주 백성에 대한 정조의 경제적 배려로, 현륭원이 위치한 화성을 경제적으로 자립시키고자 했던 것이다.

정조는 이후 상왕으로 물러나 화성에 머물면서 이곳을 보장처로 삼으려는 의도를 원행을 통해 달성한 것이다. 하지만 1800년 갑작스럽게 세상을 떠나면서 화성을 보장처로 삼아 어린 순조를 신하들로부터 지키려고 했던 노력은 모두 물거품으로 돌아가고 말았다.

그럼에도 정조는 원행을 통해 가장 적극적으로 왕권 강화를 도모한 왕이자, 원행이나 능행이 더 이상 국왕의 취미 생활이나 외유·국가 의례를 위한 행사가 아님을 백성에게 보여 준 왕으로 남게 되었다. '관광觀光', 즉 국왕의 얼굴을 백성들이 직접 보고 그 빛을 실감할 수 있는 기회로 삼게 하였다는 점에서 정조는 조선 사람들에게 '관광'의 왕이었다고 할 수 있을 것이다.

지금까지 조선 국왕의 모빌리티 사례로서 온행과 능행을 살펴보았다. 온행은 국왕의 개인적인 질병 치료를 위해 시작되었으나 점차 민심을 살피고 군신 관계를 돈독히 하는 등 여러 목적을 달성하는 방편으로 변화했음을 알 수 있다. 또한 능행은 국왕의 제례 행사로서 처음에는 왕의 외유와 취미 생활이 곁들여지면서 왕의 피신처 역할도 하였지만, 점차 국왕의 취미 생활과 오락적 성격은 사라지고 왕권 강화의 방편으로 활용되면서 직접 백성을 만나 민심을 어루만지는 기회로 이용되었다.

영조와 정조는 능행을 잘 활용하여 왕실의 위상을 높이는 효과를 보았다. 구중궁궐에 갇힌 조선의 국왕이 직접 일반민을 만나 대민 접촉의 장으로 활용함으로써, 백성들 입장에서는 능행이 국왕을 볼 수 있는 기회, 즉 관광의 기회로 인식되었다. 이를 통해 점차 국왕과 백성의 관계가 가까워지고 능행을 통해 어려움을 해소해 나갔다는 것은 주목할 만한 모빌리티의 결과라고 할 수 있다.

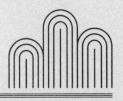

제3장

양반에게 특화된 형벌이자 이동

유배

조선의 지배층인 양반兩班은 과거 시험인 문과文科와 무과武科에 급제한 문반文班과 무반武班을 일컫는 역사 용어이자 특정 신분을 가리키는 용어이다. 현대 한국 사회라면 사법고시, 행정고시, 외무고시 등과 같이 매우 어렵고 소수의 인원만 뽑는 시험에 붙은 엘리트들이라고 할 수 있다. 물론 양반이 이에 국한되는 것은 아니다. 양반에 대한 정의는 굉장히 어렵고 난해하다. 현대사회에서는 모든 사람이 시험에 응시할 수 있지만 조선시대에는 사실상 특정 계급만 과거 시험을 치를 수 있었기 때문에 완전히 똑같은 것으로 비교할 수 없다.

아직 관직에 오르지 않은 사士(선비)와 대부大夫(관직자)를 포함하는 양반은 과거 시험에 응시한 자격을 갖춘 사람들까지 합하면 통상 사대부士大夫라고 할 수 있다. 이들은 조선 개국 세력인 신진사대부와 매우 연관이 깊다.

즉, 서울이나 지방에서 어느 정도의 경제력과 향촌 지배력을 가진 계급의 자손들이 성리학을 공부하여 시험에 응시하고 합격하면 양반이 되는 것이다. 양반은 조선시대 계급 중 특권층이자 기득권을 가진 존재였다. 농업이 주요 산업인 시대에 향촌에서 농토를 가장 많이 소유한 데다가, 국가고시에 합격하여 권위와 명예까지 가진 존재였기 때문이다.

조선시대 양반층은 굉장히 많은 특권을 누리고 평생 고생이라고는 하지 않는 존재였다. 양반가의 자제들은 옷도 혼자 입지 않고, 신발도 혼자 신지 않았다. 양반이 부리는 노비들이 다 해 줬다고 해도 과언이 아니다. 심지어 먼 길을 걸어 다니지도 않고 뛰지도 않으며 힘든 일은 더더욱 하지 않았다. 모름지기 양반은 체면과 체통을 중시하며 항상 책을 읽고, 노비들을 부리면서 일상을 영위하였다. 그러니 좀처럼 자신의 고향이나 근거지를 떠나지도 않았다.

과거 시험을 준비하려고 서울로 상경하거나 관직 생활을 하기 위해 거주지를 옮기는 경우도 있었으나, 이처럼 불가피한 경우 외에는 거의 움직이지 않았다. 이들은 사실상 공부와 공직 생활 외에는 아무것도 해 본 적이 없는 존재였던 것이다. 모든 생활을 노비들에게 의존하였으니, 자신의 근거지를 떠나면 경제적으로나 사회적으로 위험에 처할 것이 뻔했다. 한데, 이러한 양반들이 원하지 않는 이동을 하여 고생하고 눈물 젖은 빵을 먹어야 하는 때가 있었으니, 바로 유배형에 처해진 때였다.

지금도 뜻하지 않은 곳으로 가게 되거나 낯설고 먼 곳으로 가게 되면 '유배 왔다', '나 유배된 거 같아'라는 식의 표현을 흔히 사용한다. 이러한 표현은 유배형의 의미를 단적으로 보여 준다는 점에서 홍미롭다. 유배형이 대부분 양반이나 고위급 관직자에게 내려진다는 점에서 약간 뉘앙스가 다르긴 하지만, 대체로 낯설고 고생스러운 곳으로 어쩔 수 없이 가게 되는 것을 일컫는다는 점에서 일맥상통한다. 유배는 양반이나 고위급 관직자를 근거지가 없고 의지할 사람 없는 곳으로 보내는 형벌이었다.

양반은 조선시대 신분 중 가장 자유로운 존재였지만 근거지를 떠나면 경제적으로나 사회적으로 고립되는 매우 초라한 상황에 처하게 된다는 점에서 유배는 치명적인 형벌이었다. 낯선 곳으로의 유배는 굴욕적이고 고통스러울 뿐 아니라 생명이 위태로울 수 있는 무서운 형벌로 여겨졌다. 양반이 양반 노릇을 할 수 있는 것은 근거지인 향촌에 사저私邸(개인의 집)와 경작지를 두고 운영하면서 경제적인 혜택을 누리고, 사회적으로도 훌륭한 가문 출신의 엘리트로서 입지를 다져 놓은 상태였기에 가능한 일이었다. 은퇴 후에도 고향으로 돌아가기만 하면 사회적으로나 경제적으로 높은 위치에서 거드름을 피우며 살 수 있었다.

당연히 양반들은 자신의 기반이 되는 향촌 사회를 떠나려고 하지 않았다. 그런데 뜻하지 않게 정쟁에 휘말리거나 정치적 책임을 져야 할 일에 엮이면 종종 유배형에 처해졌다. 형벌 중에서는 비교적 덜 가혹한 유배형을 받았다고 볼 수도 있지만, 아무것도 할 줄 모르는 양반들에게는 유배형도 가혹하기는 매한가지였다.

경제력과 사회적 권위의 기반이 없는 낯선 곳으로 갑작스럽게 떠나게 되면 아무리 똑똑한 양반이라고 해도 무능한 한 명의 인간으로 내던져지는 것과 다름없었다. 때문에 양반에게 유배형은 가혹한 이동이었고, 때로는 그 이동으로 인해 비롯된 고통과 불편이 몰락한 양반을 다시 일어서게 하는 힘이 되기도 하였다. 그렇다면 양반들의 주요 유배지는 어디이며, 유배형의 특징은 무엇인지 살펴보자.

부처付處에서 위리안치圍籬安置까지

유배는 노비나 평민에게는 큰 고통이나 삶의 제약을 주지 못한다는 점에서 특히 양반에게 가혹한 형벌이었다. 물론 유배형을 받은 양반들 중에 유배지를 자신의 왕국처럼 만들어서 편한 삶을 누린 이들도 있다. 하지만 유배형은 낯선 곳에 가서 살아야 한다는 사실뿐 아니라 이동하는 거리가 살인적이라는 점에서 가혹하고, 유배지에서 초라한 대우를 받으며 자존심과 자부심에 상처를 입는다는 점에서 무거운 사회적 형벌이었다.

유배형은 조선시대에 처음 생겨난 형벌은 아니며, 중국의 형벌 제도를 들여와 만들어진 형벌 체계이다. 조선시대의 형벌 체계는 명나라의《대명률大明律》을 근간으로 하면서 개국 초에 제정된《경국대전》의 형벌 제도를 기본으로 한 5형五刑 체계로 이루어져 있다. 5형을 가벼운 형벌부터 나열하면 태형笞刑, 장형杖刑, 도형徒刑, 유형流刑, 사형死刑 순이다.

5형은 비슷한 형벌을 묶어서 3개의 범주로 묶을 수 있는데 신체의 일부를 매질하는 신체형, 지방으로 쫓아버리는 유형, 목숨을 빼앗아 버리는 사형이 그것이다. 태형과 장형이 신체형에 속하며, 이보다 죄가 중할 때 주는 형벌로 지방으로 내쫓아 노역을 시키는 도형과 지방으로 쫓은 후 가두는 유형이 있으며, 마지막으로 가장 중범죄를 지은 자에게 내리는 최고형이 사형이다.

사형은 목숨을 빼앗는 방법에 따라 목을 베어 죽이는 참형斬刑, 목을 졸라 죽이는 교형絞刑, 가장 잔인하게 사지를 찢어 죽이는 거열형車列刑으로 구분된다. 이때 참형과 교형, 거열형의 대상은 사형을 받은 사람의 신분과 성별, 죄의 중함에 따라 나

넌다. 신분이 높은 양반이나 왕실의 인물, 그리고 아녀자는 교형, 천민이나 상민은 죄의 경중에 따라 참형이나 거열형에 처해질 가능성이 높았다. 그러나 아무리 지체 높은 양반이나 왕실의 일원이라고 해도 역모를 저지르거나 국가를 위기에 빠뜨리는 중대 범죄를 저지르면 즉각 목을 베어 버리거나 거열형을 집행하여 본보기를 보이기도 하였다. 이러한 형을 당한 대표적 인물로 허균과 정인홍이 있다.

조선 중기를 대표하는 천재로《홍길동전》의 저자로도 유명한 허균은 광해군光海君 대에 역모 사건에 휘말려 사지를 찢어 죽이는 거열형에 처해졌으며, 광해군 대에 정권을 장악한 정인홍은 인조반정을 일으킨 서인 세력에 의해 반정 이후 즉시 목이 베였다. 이처럼 거대한 정치적 싸움에 휘말릴 경우 양반들도 참형이나 거열형에 처해질 수 있지만, 이러한 사례는 희귀하고 대부분의 양반과 왕실 관련 인물들은 그 신분을 존중받아 유배형에 처해지는 것이 일반적이었다.

유배형도 그 죄의 경중에 따라 차이가 있었다. 유형, 즉 유배형은 조선 시대 형벌 체계에서 신체형인 태형과 장형보다 중한 형벌이었고, 같은 유형인 도형보다 더 중한 죄를 지은 중범죄자에게 부과하는 형벌임은 분명했다. 유배형에 처해지면 먼저

신체형인 장형을 맞고 나서 유배길을 떠나기 때문이다. 유배형
은 그 거리에 따라 벌의 경중을 구분하였다. 가장 중한 죄인은
한양에서 3,000리(약 1,200킬로미터), 그 아래는 2,500리(약 1,000
킬로미터), 가장 가벼운 죄인에게는 2,000리(약 800킬로미터)의
유배형을 부과하였다.

여기에서 3,000리는 조선 땅을 흔히 '삼천리 금수강산'이라
고 표현하는 데에서 알 수 있듯 전 국토를 상징하는 의미이기
때문에, 실제 이동 거리라기보다는 그만큼 멀리 떨어진 오지
를 뜻하는 관념적인 숫자로 볼 수 있다. 그래서 태종은 이를 현
실화하기 위해 1402년 유죄수속법이라고 하여 3,000리를 1,680
리, 2,500리를 1,230리, 2,000리를 1,065리로 조정하였다. 다만,
가장 멀리 보내서 지치고 괴롭게 하여 '유배지로 가다가 죽으

중국의 대명률에서 유래한 조선 유배형의 관념적 거리

대명률	3000리	2500리	2000리
유죄수속법	1680리	1230리	1065리
주요 배소 (경성 기준)	경상 · 전라 · 평안 · 함길도 내 30식 외 빈해각관濱海各官	경상 · 전라 · 평안 · 함길도 내 25식 외 각관息海各官	경상 · 전라 · 평안 · 함길도 내 20식 외 각관息海各官

라'는 뜻을 담은 형벌의 성격은 변하지 않았다. 그래서 유배형은 조선 전기까지만 해도 사실상 사형에 준하는 형벌이었다.

실제 조선 전기에 장을 맞고 유형을 떠나는 중에 장독이 올라 죽거나, 섬으로 이동하던 중에 해난 사고로 죽는 일이 다반사였다. 아울러 왕실에서 몰래 자객을 보내 암살을 하기도 하고 이동 중에 풍토병을 얻어서 사망하는 일도 많았다. 다행히 쓰러지지 않고 유배지에 힘겹게 도달해도, 그들이 도착한 유배지는 조선에서 가장 험난하고 위험한 지역인 경우가 대부분이었다.

거리가 현실화되면서 줄었다고 해도 태종이 주요 유배지를 해당 거리별로 가장 멀고 험한 곳으로 정해 놓았기 때문이다. 가장 먼 유배지는 경상도와 전라도의 섬과 바닷가, 혹은 북방의 평안도와 함길도의 가장 추운 곳이었다. 따라서 유배지로 가는 실제 거리가 3천 리인지 2천 리인지는 별로 중요하지 않았다고 할 수 있다. 도착하는 곳이 얼마나 험한 곳인지가 더 중요했다.

보통 거리가 가장 멀고 험난한 북변의 함경도 지방, 인적이 드물고 배를 타고 오랫동안 항해해서 가야 하는 절도絶島(육지에서 멀리 떨어진 섬) 유배가 가장 많았다. 고문을 받거나 유배전에 신체형을 받아 이미 큰 상처를 입은 죄인들은 그 거리를 견디기도 힘들었지만, 도착 후에 겪는 심리적 공포와 신체적 병증으로 인해 고통을 이기지 못하는 경우가 많았다. 게다가 향촌 사회에서 사회적으로 인정받다가 아는 사람이 전혀 없는 궁핍한 곳으로 가게 되면 생활력이 없는 양반들은 버티기 힘들었다. 그래서 유배형은 양반에게 사회적 형벌인 '명예형벌'이자 사실상의 사형선고와 다름없었다.

한편, 유배형에도 범죄의 정도, 신분의 차이에 따라 등급별 차등이 있었다. 죄가 가벼울 경우 고향과 인근 지역에 가두고 사회생활을 하지 못하게 하는 부처付處, 죄가 무거울 경우 먼 곳으로 보내 관원들과 주민들의 감시를 받아야 하는 안치安置, 그리고 가장 무거운 죄를 지은 자는 가시덤불과 풀로 덮인 집에 가두는 '위리안치圍籬安置'에 처하였다. 유배형 하면 많은 사람들이 떠올리는 이미지는 위리안치에 해당하는데, 실제 위리안치형에 처해지는 경우는 많지 않았다.

보통 역모에 연루된 왕실 인물이나 사회적 격리를 필요로 하는 신분 높은 정치범들이 위리안치형에 처해졌으니, 대표적 인물이 단종 복위를 계획하였다가 붙잡힌 금성대군錦城大君이다. 위리안치형은 오갈 곳 없는 유배지에서 아무도 만나지 못하게

《형정도첩刑政圖帖》에 묘사된 '위리안치'
출처: 한국학중앙연구원

하고 집 안에 가둔다는 점에서 가장 가혹한 유배형이었다. 그런데 왕실과 종친 중에서 유배형을 보내야 하는 경우가 있어도 함경도와 전라남도의 섬 등 먼 곳으로 보내는 일은 거의 없었다. 신분이 높아 너무 지나치게 가혹한 형벌을 주기 어려운 면도 있었지만, 이들을 멀리 보내면 감시와 통제가 어려워 가까운 곳으로 유배를 보낸 것으로 보인다.

왕족과 종친들이 가장 많이 유배를 간 곳은 강화도와 교동도이다. 반정 사건으로 폐위된 연산군과 광해군이 대표적인 유배인이다. 이들이 세력을 규합하여 다시 왕위에 오르려 할 위험이 있었기 때문에 가까우면서도 탈출하기 어려운 강화도로 유배를 보낸 듯하다. 이로 보아 유배형은 조선시대 특유의 형벌이면서, 조선의 신분제 사회와 정치적 특수성 등에 따라 정치범을 처벌하기 위한 특유의 형벌 제도로 활용되었다고 볼 수 있다. 그래서 유배형이 양반과 관료들에게만 부과되는 형벌은 아니었지만, 특별히 양반들의 유배지로의 이동과 이주, 유배지에서의 삶 등을 살펴보는 것이 의미가 있을 것이다.

고려의 유배형 vs 조선의 유배형

유배형은 언제부터 생겨난 것일까? 유배형과 관련한 최초의 공식 기록은 중국 측 사료에 등장하는데, 그에 따르면 삼국시대에 처음 생겨난 것으로 보인다. 당나라 역사가 이연수李延壽의 기록에 '백제의 형벌 중 도둑을 유배 보내는 벌이 있다'는 내용이 있다. 또한 신라 법흥왕 때 중국의 형벌 제도를 받아들여 섬에 가두는 유배형이 있었다는 기록, 변경으로 보내 버리는 사변徙邊과 같은 형벌이 있었다는 내용이 나온다. 그 외에도 유배형은 공식 형벌로 계속 기록에 등장하는데, 삼국통일 후 신라 문무왕이 고구려 연개소문의 아들 연남건을 체포한 후 유배형에 처한 사실이 있다.

유배형은 역사 기록 외에도 여러 설화에도 등장한다. 대표적으로 신라 진평왕이 셋째 딸 선화공주가 서동(백제 무왕)과 정을 통했다고 하여 유배를 보낸 일화가 전한다. 선화공주가 유배를 떠나자 서동은 선화공주의 유배길에 마중 나와 있다가 부부의 연을 맺는다. 여러 기록과 설화 등을 볼 때 유배형은 적어도 삼국시대부터 존재한 것으로 추정되며, 이후 고려시대에 이르러 중국의 형벌 제도를 적극 받아들이면서 본격적인 형벌 체계로 편입된 듯하다.

고려시대의 유배형 역시 대체로 귀족이나 왕실 인물에게 내리는 형벌로 기록되고 있다. 고려 전기 천추태후와 정을 통했던 김치양이 장을 맞고 먼 곳으로 유배되었고, 훗날 현종이 되는 대량원군 왕순은 김치양의 보복을 피해 신혈사에 유폐되었다가 왕위에 즉위하였다. 이를 통해 고려 전기에 유배형은 공식 형벌이라기보다 정치적인 화를 입으면 몸을 피하는 용도로 활용되었던 것으로 보인다. 즉, 정치적 라이벌을 자기 손으로 처벌하는 대신 유배형을 보낸 후 먼 길을 떠나다 죽거나 정치적으로 재기할 수 없도록 축출하는 수단으로 사용된 셈이다.

고려시대의 유배형은 사형보다 한 등급 낮은 중범죄에 속하는 처벌로서, 역모 사건 같은 심각한 범죄에 연루된 사람을 처벌할 때 사용되었다. 특히 신분이 높은 귀족이나 왕가의 인물일 경우 사형 집행이 어려워 유배형을 보내는 것이 점차 일반화된 것으로 보인다. 예를 들어 고려 중기에 자신의 딸을 국왕과 혼인시켜 왕보다 더한 권세를 얻었던 이자겸 역시 척준경 등에 의해 권력을 잃고 전남 영광의 법성포로 유배를 떠났다. 그곳에서 이자겸이 재기를 다짐하며 먹은 음식이 유명한 영광 굴비이다. 굴비屈非는 '굴하지 않겠다'는 의지를 되새기기 위해 이자겸이 자주 먹은 데서 유래한 이름이라고 한다.

이외에도 유배형을 받은 인물들은 대체로 유력 귀족이나 권신들로서, 1170년 무신정권 이후에 의종을 비롯한 왕들이 무신 정권 권력자에 의해 유배형에 처해졌다. 이 역시 귀족이나 왕을 함부로 죽일 수 없어 유배형을 활용한 사례라고 할 수 있다. 무신들에게 쫓겨나 거제도 유배길에 오른 의종이 자신이 총애하던 호위무사 이의민에 의해 허리를 꺾여서 죽임을 당한 일화는 유명하다. 이후 의종을 죽이고 황제시해범이 된 이의민은 잠시 고향으로 숨어들어가 살았다. 이처럼 유배형이 정치적으로나 신분적으로 중요한 인물을 처단할 수 없을 때 잠시 먼 곳으로 보내 관심사에서 벗어나게 한 뒤 사회적으로 매장시키는 형벌로 점차 변화하였음을 여러 사례를 통해 확인할 수 있다.

고려시대 후기에는 유배형의 일부는 중범죄가 아닌 정치범에게 내리는 추방 혹은 귀향의 성격을 지닌 형벌 체계로 자리 잡게 된다. 이를 '연고지 유배형' 혹은 '귀향형'이라고 했다. 고려 말, 즉 원나라에 복속된 뒤에는 왕권이 약화되고 이인임과 기철 등 권신들의 전횡이 이어져 정치적 혼란상이 가중되면서 정치적 갈등과 투쟁이 많이 발생하였고, 이로 인해 화를 입은 관원과 귀족들이 많아졌는데 이들을 모두 죽이거나 감옥에 가둘 수는 없는 노릇이었다. 그리하여 이들에게 재기할 여지를 주지 않고자 고향으로 돌아가 아무런 사회적 활동을 할 수 없도록 연고지 유배형에 처했다고 볼 수 있다.

유배형에 처해지면 관직을 잃고 조용히 고향에 머무르며 감시를 받게 되므로 정치적으로 재기하기 거의 불가능하니 처벌 효과가 분명했다. 연고지 유배형에 처해진 대표적인 인물은 최영, 조민수, 이색 등이다. 이들은 모두 권력의 중심에 있다가 고려 말 왕위가 계속 바뀌고 권력이 이성계와 신진사대부에게 옮겨 가면서 축출된 인물이라는 공통점이 있다. 유배형을 받은 이들은 곧 '권력의 뒤안길'로 밀려난 인물이 되었다. 이러한 고려 말 유배형의 성격은 조선 개국 후에도 이어졌고, 비교적 신분이 높은 정치범에게 내려진 유배형은 고려 말의 연고지 유배형과 유사했던 것으로 보인다.

조선시대에 들어오면서 유배형은 정배定配·부처付處·안치安置·정속定屬·충군充軍·천사遷徙·사변徙邊·병예屛裔·투비投畀 등으로 세분화되었다. 고려시대 정치범에게 부과되는 형벌로서의 성격이 신분과 범죄의 경중에 따라 처벌을 다르게 하는 구체적인 형벌로 진화한 것이다. 일반적으로 가장 많이 알려진 유배형은 대체로 정치범에게 부과하는 형벌이어서, 유배형이 고통이 덜하고 형식적인 형벌이었던 것으로 인식되는 경향이 있다. 그러나 조선시대의 유배형은 양반들에게 가해지는 정배定配, 부처付處, 안치安置 외에도 매우 고통스러운 형벌 체계도 마련하고 있다.

신분을 강등해 관노비로 만드는 정속, 군대로 보내 버리는 충군, 강제이주인 천사, 변경으로 이주시키는 사변, 집 주위에 담을 쌓고 출입을 금하는 병예, 왕이 지정한 곳에 보내는 투비 등은 양반은 물론 일반민에게도 부과되는 형벌이었다. 특히 군역을 부과하고 관노비가 되게 하거나 강제로 이주시켜 버리는 유배형의 고통은 생활력이 강한 일반 백성들에게도 상당한 충격을 주었다. 이처럼 다양한 유배형이 추가되면서 고려시대 연고지 유배형의 성격은 소멸되고 체계를 갖춘 명실상부한 형벌로 자리잡게 된 듯하다.

악명 높은 유배지

앞서 보았듯, 유배형은 유배지가 얼마나 먼 거리에 있는지, 그 기후와 환경이 어떤 곳인지에 따라 형벌의 가혹함이 결정된다. 그래서 태종은《대명률》에 근거한 관념적인 유배형의 거리를 현실적으로 조정하고 주요 유배지, 즉 배소配所를 지정함으로써 유배형을 실질적인 형벌로 자리 잡게 하였다. 이때 주요 배소는 한양에서 가장 먼 곳이면서 바닷가와 가깝거나 북방 변경과 가까운 곳이 선정되었다. 유배형에 처해진 죄인은 먼 곳을 돌고 돌아 겨우 도착한다고 해도 병에 걸리거나 기후와 풍토병에 적응하지 못하여 거의 산송장이 되고 말았다.

그렇다면 조선시대 양반들에게 가장 악명 높은 유배지는 어디였을까? '삼수갑산三水甲山'이 가장 대표적이다. 한반도 북변 함경도 지방에 위치한 삼수와 갑산은 험난한 곳의 대명사였다. 그래서 같은 지역이 아닌데도 삼수와 갑산은 한데 묶여 '삼수갑산'이라고 불리면서 '험하고 살기 힘든 곳'과 '험악한 유배지'를 의미하게 되었다. 압록강과 맞닿은 삼수는 한반도에서 가장 추운 곳이고, 개마고원 중심부에 위치한 갑산은 풍토병이 많고 큰 산에 둘러싸여 있어 먹을 것을 구하기 힘들어 사람들이 잘 살지 않는 오지로 유명했다. 삼수와 갑산은 그 험악함이 조정 대신들에게도 잘 알려져 웬만한 죄가 아니면 유배 보내기조차 너무 가혹하다고 여겨졌다.

조선 중기 임금 선조는 자신이 총애하는 율곡 이이를 모함하고 당파를 만들었다는 이유로 허봉을 함경도 갑산으로 유배 보냈다. 1584년 여진족 추장 니탕개가 북변에서 난을 일으켰는데 당시 병조판서 이이가 임금에게 보고하지 않고 병력을 옮기는 실수를 저지르자 동인東人의 선봉장 박근원, 송응개, 허봉 등이 서인西人의 영수인 이이를 탄핵하는 상소를 올렸다. 그러나 선조는 이이의 실수를 감싸면서 오히려 당파를 만들고 현명한 신하를 모함한다는 이유로 이들을 유배형에 처하였다. 이를 계미년에 세 명의 신하를 쫓아냈다는 의미로 '계미삼찬癸未三竄'이라고 한다. 선조가 얼마나 이이를 총애했는지, 허봉 등에 대한 선조의 분노가 얼마나 컸는지를 알 수 있다.

조선 중기 이후 함경도 지역으로의 유배는 점차 줄어들고 절도絶島, 곧 육지와 멀리 떨어져 있는 섬이 유배지로 새롭게 떠올랐다. 그중에서 제주도와 진도, 완도, 강화도 등이 유명한 유배지로서 가장 많은 유배객을 두었다. 북쪽의 유배지는 지나치게 가혹하다는 평도 있고 워낙 먹고살 것이 없어 주민들이 유배인을 돌보기도 어려웠던 반면, 육지와 멀리 떨어진 섬은 배를 타고 가야 하므로 해난 사고가 나거나 병에 걸려 죽더라도 자연스러운 일로 생각되어 가혹한 형벌이라는 혐의를 벗을 수 있었다. 더욱이 절도로 유배를 가면 거의 영원히 돌아올 수 없어 유배형의 목적에 부합하는 유배지로 볼 수 있었다. 그래서 조선 후기로 갈수록 덜 가혹하면서 돌아오기 힘든 절도 유배가 점점 더 많아졌다.

유배인을 보내는 섬은 육지와 멀리 떨어져 있되 중앙의 통치력이 미칠 수 있는 곳이어야 했다. 유배인들은 대부분 정치범이기 때문에 통치력이 미치지 않는 섬으로 보낼 경우 세력을 규합할 위험이 있기 때문이다. 그래서 가까운 강화도가 폐위된 왕이나 왕자의 유배지로 선호되었고, 거리는 멀지만 사람이 많이 살고 중앙의 통치력이 미치는 큰 섬인 제주도·진도·완도 등이 단골 유배지가 되었다.

이러한 일은 비단 조선에서만 있었던 것은 아니다. 권력자를 무기력하게 만드는 데 섬만큼 좋은 곳이 없었고, 여기에 다시 돌아오기 힘들다는 점까지 더해져 세계사에서도 종종 사례를 찾아볼 수 있다. 한때 세계를 정복할 야심을 품었던 나폴레옹이 패배 후에 엘바섬과 세인트헬레나섬으로 유배된 것이 대표

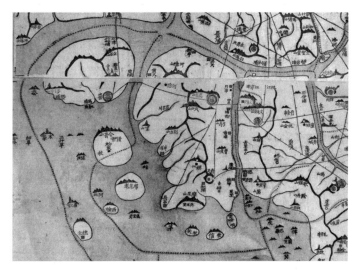

〈대동여지도〉 강화도 부분. 강화도는 조선시대 왕족의 유배지로 선호되었다.
출처: 한국학중앙연구원

적이다.

가장 완벽한 유배지로 떠오른 절도 중에서도 가장 악명 높은 섬이자 가장 유명한 유배지는 제주도와 흑산도였다. 먼저 제주도는 광해군이 강화도에서 살다가 다시 유배를 간 곳으로도 유명하다. 광해군은 제주도로 이배된 후에도 오랫동안 살아 천수를 누렸다. 재미있는 사실은 광해군이 사망하고 12년 뒤 제주도 해안에 표류한 하멜 일행이 제주도에 대해 기록한 내용이

《하멜표류기》에 실려 있는데, 그에 따르면 광해군의 유배로 인해 제주도의 유배 환경이 좋아졌다고 한다.

하지만 제주도는 해난 사고가 자주 일어나는 섬이었다. 실제로 제주도는 조선시대 가장 많은 외국인이 표류해 왔던 곳이며, 《표해록》의 저자 최부도 제주도로 가다가 표류를 하였다. 조선 후기까지도 제주로 가는 길은 풍랑이 높고 해로가 험하여 가장 꺼려지는 해운로였다. 그러니 광해군이 유배를 와서 유배 환경이 좋아졌다고 한들 얼마나 좋아졌을지 의문이다.

다만 제주도는 제일 큰 섬이기 때문에 조선의 가장 큰 행정 구역인 목牧이 설치되면서 행정력이 잘 미쳤고, 유배인들을 관리하기 용이한 지역이어서 유배인이 많이 늘어났다. 제주도로 유배를 간 인물은 송시열과 김정희 등을 비롯하여 200여 명이 넘는다.

한편, 조선시대에 섬으로의 유배 횟수가 늘어난 것은 적합한 유배지의 숫자가 줄어들고 해안가 지역에서 간척 사업이 점차 활발하게 진행되면서 통치력이 큰 섬까지 미치게 된 점과 관련이 깊어 보인다. 서해안 인근의 크고 작은 섬이 개발되고 군사기지인 진鎭이 설치된 것이, 섬으로의 유배가 가능해진 배경이 되었다. 그 결과 광해군 대에 제주도를 포함한 6개 섬이 절도정배지로 정해지면서 법적으로 유배지로 규정되었다. 아이러니하게도 광해군은 자신이 정한 절도정배지 중 하나인 제주도로 유배를 가게 된 셈이다.

제주도와 대정도 외에도 남해도와 정의도, 거제도와 진도가 광해군 대에 법적 유배지가 되었다. 그러나 이후 유배지가 더 필요해져 조선 후기인 정조 대에 더 많은 섬이 절도정배지로 정해진다. 정조 대 법전인《전률통보典律通補》에 고금도·신지도·흑산도·장자도·나로도·녹도 등도 유배지로 올라 있어, 점차 서해안에서 더 멀리 떨어진 섬들이 유배지로 자리 잡게 되는 정황을 보여 준다.

이 중 '내해內海'가 아닌 '외해外海'에 위치하였는데도 유배지에 포함된 흑산도는 조선 후기 가장 극악한 유배지로 손꼽힌다. 흑산도는 '극악한 지역'으로 일컬어지면서 특별한 임금의 교시가 없으면 정배할 수 없는 곳이라고 하였으니, 흑산도의 악명이 얼마나 높았는지 알 수 있다.

더구나 저 흑산도는 험난한 바다와 악독한 장기가 다른 정배지보다 가장 심한데. _《영조실록》, 1735년 4월 25일

유배된 정약전이 머물렀던 흑산도 사리沙村(왼쪽)와 흑산도 사리 유배문화공원(오른쪽)
출처: 신안군

　흑산도는 유배를 보내는 입장에서도 지나치게 가혹한 유
배지라고 할 정도로 환경이 좋지 않았다. 멀리서 보면 바닷물
과 겹쳐 보이면서 푸르다 못해 검게 보이는 산과 같이 생겼다
고 하여 '흑산도黑山島'라는 이름이 붙었으며, '현산玄山'(검은 산)
이라는 별칭으로도 일컬어졌다. 흑산도는 육지인 목포에서 약
100킬로미터나 떨어져 있는 한반도 최서남단 해역에 위치한
섬이다. 이곳에 유배된 인물로는 숙종 때 과옥科獄(과거 시험에
서 부정행위를 한 사건)에서 적발된 죄인들이 처음 확인된다. 이
후 영조와 정조 대에 김치현, 김이백 등이 흑산도에 유배되었
다는 기록이 있다.

　흑산도로 유배된 사람들 중 가장 대표적인 인물은 정약용의

형인 정약전이다. 정약전은 이곳에서 일종의 '어류도감魚類圖鑑'인《자산어보玆山魚譜》(혹은《현산어보玄山魚譜》)를 집필하였다. 천주교 신자라는 이유로 1801년 신유박해(신유년에 일어난 천주교 신자들에 대한 박해 사건) 때 유배된 정약전은 본래 신지도에 유배되었다가, '황사영백서 사건'이 터지면서 역모에 준하는 죄를 입어 형이 가중되어 신안의 우이도로 절도 안치되었다가 흑산도로 다시 이배된 것으로 보인다.

정약전은 흑산도에 붙어 있는 우이도에서 한 여인을 만나 두 아들을 낳고 10여 년 넘게 살았다. 정약용이 유배형에서 해제될 무렵인 1814년 정약전을 찾아가려고 하자 정약전이 육지와 가까운 우이도에서 만나자고 했는데 주민들이 정약전을 보내주지 않아 만나지 못했다고 할 정도로, 정약전은 흑산도의 주민들과 좋은 관계를 유지하면서 잘 지냈던 모양이다. 특히, 정약전은 흑산도에서도 학문에 대한 열정을 늦추지 않고《표해시말漂海始末》과《자산어보》등을 집필하여 동생인 정약용과 함께 실학자의 풍모를 보였다.

유배, 사림파 성장의 배경이 되다

고위 관직자이자 조선 사회를 지배하는 세력인 양반은 기본적으로 특권층이었기 때문에 형벌을 가할 때에도 어느 정도의 관용이 허락되었다. 예컨대 돈을 내거나 대신 매를 맞게 하는 속량贖良을 허락하고, 자원하는 노비나 가족이 있을 경우 함께 유배지로 이동할 수 있도록 해 주었다. 그래서 노비와 가족, 혹은 제자를 데리고 유배를 가서 유배지에서 함께 살고, 아예 대를 이어 유배지에서 살아가는 경우도 발생했다.

대표적으로 조선 중기 문신 이항복이 제자 정충신과 함께 유배지로 떠나 함께 기거한 바 있고, 조선 후기의 이광사는 아들들과 함께 유배지에서 생활한 바 있다. 이광사의 아들 이긍익은 유배지인 완도에서 조선의 역사를 정리한《연려실기술練藜室記述》을 저술하였다. 하지만 홀로 가지 않는 유배길이라고 해서 좋을 수는 없었다. 유배지에 따로 기거할 집이 있는 것도 아니고 농사를 지어서 곡물을 생산할 수도 없었기 때문이다.

가족이나 제자를 데리고 가면 약간 편하게 생활할 수 있겠지만 유배지에서 초라한 대우를 받다 보면 차라리 홀로 살아가는 것이 낫지 않을까 싶어 후회했을 수도 있다. 유배 생활이 결코

평탄하지 않았을 테니, 가족과 지인의 고통까지 더해지면서 그 심정은 오히려 더 아팠을 것이다.

물론 정약전처럼 조선 후기에 유배를 간 양반들 중에 유배지에 적응하여 나름의 업적을 남기며 잘 생활하는 경우도 종종 있었다. 이는 조선 후기에 들어서면서 붕당정치의 폐단이 심화되고, 이로 인해 정쟁이 격화되어 정치범이 무더기로 쏟아져 나오게 된 배경과 무관하지 않다. 정쟁이 계속되어 집권당이 순식간에 뒤바뀌는 환국換局(정권의 교체가 이뤄지는 현상을 이르는 용어)이 자주 일어나면서 유배를 떠나는 이들도 어느 정도 희망을 품을 수 있게 되었다. 오늘의 죄인이 언제든 정국을 장악하는 우두머리가 될 수 있었기 때문이다. 조선 전기에도 무오사화戊午士禍, 갑자사화甲子士禍, 기묘사화己卯士禍, 을사사화乙巳士禍로 인해 유배형에 처해진 양반들이 어느 정도 유배지에 적응 하게 되면 제자들을 양성하거나 학문에 몰두하여 뜻하지 않은 결과를 낳기도 하였다.

사림파의 확대와 정계 장악도 유배와 관련이 있었으니, 왕도정치를 지향하면서 성학군주를 강조한 조광조가 유배인의 제자로서 과거에 급제하고 정계에서 두각을 드러낸 대표적 인물이다. 조광조에게 학문을 전수하고 왕도정치와 《소학小學》을 중시하는 사상을 가르쳐 준 인물은 조선 전기 사화로 인해 유배된 김굉필, 정여창 등이었다. 조광조는 훗날 중종에게 등용되어 정계에서 두각을 드러내자 현량과賢良科를 통해 자신과 같은 사상을 지닌 사림파들을 등용하여 훈구파를 위협하였다.

이후 위훈삭제僞勳削除(중종반정 후 반정공신이 아닌 사람도 공신이 되었으므로 가짜 공훈을 삭제해야 한다는 조광조의 주장) 파동을 일으켰고, 김종직-김굉필-정여창으로 이어지는 사림파의 도통道統을 완성시켰다. 즉, 연산군 대 무오사화와 갑자사화로 관직을 잃고 유배형에 처해진 스승 김굉필을 중심으로 성리학의 도통을 만들어 그 위상을 끌어올린 인물이 바로 조광조였다.

김굉필과 정여창은 세조의 왕위 찬탈을 비판한 '조의제문弔義帝文'을 쓴 김종직의 제자들로 무오사화에 연루되어 유배형에 처해졌다. 이 중 김굉필은 평안도 희천에 유배된 후 유배 생활 중에 조광조를 만나 학문을 전수하였다. 이후 조광조가 중종반정 이후 사림파의 수장으로 떠오르면서 스승인 김굉필과 정여창을 김종직의 제자로서 의리지학義理之學을 표방했다고 하여 고려 말 정몽주와 길재, 이색을 잇는 성리학의 도통으로 추앙한 것이다.

한데 이후 조광조와 그를 따르는 '기묘사림己卯士林'(기묘년에

조광조의 영향을 받아 사림파의 전성기를 주도한 퇴계 이황(왼쪽)과 율곡 이이(오른쪽)
출처: 한국문화정보원

사화를 입어 유배되거나 목숨을 잃은 인물들)도 역시 사화를 겪으며 거의 유배형에 처해졌는데 전라도의 능주, 화순 등으로 가게 된 조광조·김정·김구·최산두 등이 그곳에서 다시 제자를 양성했다. 이처럼 사림파는 사화로 화를 입었다가 유배지에서 제자를 키워 다시 등장하는 것을 반복하게 된다. 결국 조광조와 기묘사림의 제자들인 김인후와 유희춘 등이 다시 정계에 등장하였고, 이들의 영향을 받은 이황과 이이 등이 사림파의

전성기를 이끌면서 조선 중기의 정치사상적 변화상을 주도하
였다.

좌절과 재기 사이에서

그렇다면 유배지에서의 삶이 어땠길래 그 기간 동안 제자를
양성하여 정치적 재기에 성공할 수 있었을까? 유배지에서 학
문에 몰두하고 제자들을 키워 냈다고 하니 유배지에서의 생활
이 편안했던 것으로 보일 수도 있다. 하지만 실제 양반의 유배
생활은 전혀 쉽지 않았다. 흔히 유배지에서의 편안한 삶의 전
형으로 윤선도의 보길도 유배가 알려져 있는데, 사실 윤선도는
보길도에 유배된 것이 아니라 피신한 것이었다.

유배인의 생활은 양반의 사회적 지위에 걸맞지 않는 초라하
고 괴로운 삶의 연속이었다. 유배를 오기 전부터 유배인들은
장형을 비롯한 여러 고문을 받으며 고초를 겪은 경우가 다반사
였다. 그래서 앞서 말했듯 유배 도중에 죽는 일이 많았고, 먼 거
리의 유배길을 다 이겨 내고 유배지에 도착하더라도 고생은 끝
나지 않았다. 그나마 유배길에 사사되지 않은 것이 다행이라고

생각해야 할 정도로 유배형을 받은 죄인은 노심초사하며 정신적, 육체적 고통에 시달렸다.

겨우 유배지에 도착한 죄인은 지정된 숙소인 적소謫所에 머물러야 했는데, 죄인이 도착하는 곳에 초라한 초가집 한 채라도 있다면 다행이었다. 대개는 기거할 만한 집이 없어 주막이나 다른 사람들이 살고 있는 집에 머무르는 경우가 많았다. 또한 유배지 대부분이 북방의 외딴 지역이나 바닷가의 절도인데, 이들 지역은 추운 기후와 척박한 환경으로 인해 농작물 재배가 쉽지 않았다. 그래서 사람이 많이 살지 않았고, 거주하는 주민들도 매우 빈곤한 상태여서 유배인들에게 제대로 된 대우를 해줄 리 만무했다. 그러니 제대로 된 자기 방 하나 없는 주막 같은 곳에서 겨우 기거할 수 있는 것만도 감지덕지였다.

정조의 총애를 받았던 실학자 정약용도 강진으로 유배를 갔을 때 기거할 곳이 없어 주막에서 살았다. 정약용이 '사의재四宜齋'라고 명명했던 공부방도 실은 좁은 주막에 불과한 곳이었다. 정약용의 유배지로 다산초당茶山草堂이 유명한데, 이는 정약용이 18년이나 유배 생활을 하면서 관원들의 감시가 느슨해지고 현지의 강진 주민들과 잘 어울리고 적응하게 된 결과라고 할 수 있다. 실제로는 초가집 한 칸도 제공받기 힘든 것이 유배객의 현실이었다.

또한 유배인들은 유배 초기에는 관원들에게 감시를 받아서 매우 부자유스럽게 살아야 했다. 죄인은 매일 아침 점검을 받아야 했고, 관에서 호출하면 언제든 불려 가야 했다. 유배인들의 식사도 제대로 지급되지 않는 경우가 다반사였다. 자비로 식사를 해결할 수 있으면 그나마 다행이고, 그렇지 못하면 관에서 지급받거나 보수주인(유배인을 감시하면서 숙식을 책임지도록 지정된 자)에게 아주 적은 쌀가루와 소금 등의 음식만 지급받았는데, 이나마 받지 못하는 경우도 많았다.

관에서는 거의 음식을 지급하지 않았고, 보수주인은 유배인들을 귀찮은 존재로 여겼다. 유배지의 주민들은 대체로 형편이 좋지 않았고 죄인과 함께 사는 것을 불만스러워했기 때문이다. 그래서 유배지에 적응하기 전까지 양반들은 보수주인들의 눈치를 살피며 거처를 내주는 것만으로도 다행이라고 여겼으며 좋은 음식은 바라기도 힘든 처지였다.

유배인들은 자비 혹은 본가의 지원이 아니고서는 제대로 된 식사를 하기 어려웠는데, 당시의 불편한 교통 상황으로 인해 음식물이 쉽게 부패하여 고향에서 음식물을 지원받는 것도 거의 불가능했다. 자연히 배를 곯거나 굶는 경우가 많아 건강이

좋아질 수 없었다. 그 결과 생활의 고통을 견디지 못하고 유배
지에서 도망치다가 잡히는 유배인들도 많았다. 하지만 도망을
치다가 잡히면 그대로 처형되기 때문에 쉽게 결행할 수 있는
일이 아니었다. 결국 낯선 환경에서 갇힌 신세로 먹고살 것이
없어 동네 사람들에게 구걸하는 신세, 소위 '빌어먹을 양반'이
되는 것이 유배 초기 양반들이 처하는 운명이었다.

당대의 대학자이자 명문가 출신의 고관이었던 추사 김정희
도 음식을 구할 수 없는 데다가 집에서 보내 온 음식물의 태반
이 썩어 버려 젓갈류만 먹으며 유배 생활을 보낼 정도였다. '오
성과 한음'으로 유명한 오성 이항복도 재상직을 역임한 인물이
었지만 함경남도 북청으로 유배되어 가는 길에 중풍이 재발하
면서 제대로 음식을 먹지 못하면서 병이 깊어졌고, 이후 건강
을 회복하지 못하고 유배 생활 1년 만에 사망했다. 유배길과 유
배 생활이 얼마나 힘든지 짐작할 수 있다.

이처럼 유배지에서의 삶은 매우 고통스러웠지만 경우에 따
라 잘 적응하면 편안한 삶으로 이어질 수도 있었다. 관직에서
물러나면 공부하며 학문에 몰두하는 삶을 영위했던 양반들에
게 유배지에서의 외로운 생활이 오히려 공부의 기폭제가 되어
조선시대 성리학 발전의 좋은 토대가 된 것이다. 더욱이 서울

과 멀리 떨어져 교육 환경이 부족한 곳에 수준 높은 지식과 소양을 지닌 양반들이 유배를 오게 되면, 처음에는 경계하고 꺼리던 주민들이 자녀를 보내 스승으로 모시고 교육을 받게 하는 일도 있었다.

대학자가 촌구석에 들어와 아이들을 가르친다고 하면 아무리 죄를 받고 온 유배인이라고 해도 기꺼이 자녀를 보내 가르침을 받게 했을 것이다. 유배인들 역시 힘들고 고통스러운 유배 생활 중에 학문에 몰두할 수 있는 조건을 마련하고 제자까지 양성할 수 있다면 이를 마다할 리 없었다. 그래서 앞에서 살펴보았듯 정약전·정약용·김정희도 유배 기간이 길어질수록 점차 마을 주민들에게 특별한 대우를 받았으며, 그 결과 정약용과 김정희 등은 유배지에서 많은 제자들을 배출하고 제자 그룹인 학단學團까지 형성하였다. 또한 그 제자들이 중앙 정계로 진출하여 스승의 학문적 위상을 높이는 데 일조하기도 하였다.

학문이 높은 양반들은 이처럼 유배지에서 잘 적응하여 교육을 통해 제자를 양성하고 이들의 도움으로 저술 작업에 매진하여 수준 높은 학문적 결과물을 배출함으로써 후대에 오히려 그 명성이 높아지기도 했다. 유배지에서의 고통스러운 삶이 학문에 몰두하고 교육에 공을 들여 많은 제자와 저서를 배출함으로써 자신의 신망을 높이는 결과로 이어진 것이다.

한편, 조선 후기 들어 잠간의 권력 다툼에 밀려 잠시 유배형에 처해지는 경우도 많았기 때문에, 국왕의 총애를 받는 유배인의 경우에는 유배지의 관리들도 함부로 하지 못했다. 그래서 이들에 대한 처우가 점차 개선되고 지방관의 배려를 받아 외출이나 식사를 제공받는 일도 생겨났다.

유배지에서 꽃핀 학문

실제로 유배를 간 많은 양반들이 힘겨운 생활 속에서도 학업에 몰두하고 제자들을 양성하여 자신의 명예를 높이는 전화위복의 계기로 삼았을 뿐 아니라, 유배지에서 필생의 명작인 저서와 그림·시를 남기기도 했다. 대표적인 인물이 송강 정철이다. 천재 문학가로 일컬어지는 정철이 유배지에서 임금을 그리워하는 마음을 담아 지은 〈관동별곡關東別曲〉, 〈사미인곡思美人曲〉, 〈속미인곡續美人曲〉 등은 유배 문학의 최고봉으로 손꼽힌다.

유배 문학이란 유배지에서의 직접 체험과 유배 상황에 직면한 정신적 상황을 문학화한 작품이라고 할 수 있는데, 정철 외

정철의 유배문학 《사미인곡》(왼쪽)과 김만중의 한글소설 《구운몽》(오른쪽)
출처: 한국학중앙연구원

에도 윤선도의 시조 〈어부사시사漁父四時詞〉와 〈오우가五友歌〉 등이 대표적 작품으로 손꼽힌다. 숙종 대 당쟁에 휘말려 유배를 갔던 김만중도 유배지에서 《구운몽》을 집필해 새로운 산문을 선보이기도 했다.

특히 흥미로운 유배 문학 중 하나로 이문건李文楗의 《양아록養兒錄》을 꼽을 수 있다. 이문건은 경상북도 성주로 유배된 후 22년간 아들, 딸과 함께 유배지에서 삶을 일구면서 살았던 인물이다. 《양아록》은 이문건이 손자를 키우면서 기록한 일종의

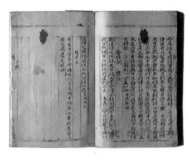

이긍익의 《연려실기술》(왼쪽)과 이문건의 《양아록》(오른쪽)
출처: 한국학중앙연구원 · 문화재청

육아일기인데, 양반이 남긴 거의 유일한 육아일기라는 점에서
특이하다. 이문건은 유배지에서 손자가 성장하는 모습을 보면
서 그 변화상을 상세히 기록하였다. 현대의 육아일기처럼 아기
의 성장을 일일이 기록한 것은 아니지만, 당시 어린 아이들의
교육과 성장통을 볼 수 있는 매우 흥미로운 자료이다.

　이문건은 이 외에도 유배 생활의 실질적인 모습을 생생히 기
록한 문집 《묵재일기默齋日記》를 남겼다. 《묵재일기》를 보면
이문건이 유배지에서 전답을 개간하고 노비를 관리하는 등 생
활인으로서 여느 양반과 비슷한 삶을 영위하고, 부인의 고향인
괴산에 새 가옥을 건축하기도 했음을 알 수 있다. 그는 1551년
2월에 집터를 선정하고 5월부터 본격적으로 목재를 마련하여

건축하기 시작해 1552년 8월에 완공시키는 과정을 상세히 서술하였다.

이후 이문건은 괴산 집을 근거지로 하여 조상의 분묘墳墓(봉분과 묘지)를 조성하고 입향入鄕(향촌으로의 입주)의 터전을 다졌다. 이는 이문건이 을사사화에 연루되어 유배되긴 했지만 조정에서 영향력 있는 인물이 아니었기에 중범으로 처벌받지 않았던 덕분이라고 할 수 있다. 결과적으로 이문건은 비교적 험하지 않은 경북 성주에 유배되어 유배인이라기보다 생활인으로서 삶을 꾸려 갔고, 인근 괴산에 자신의 입지를 다질 수 있었다.

물론 대부분 유배인의 삶이 이문건과 비슷하다고 볼 수는 없지만, 유배지에 오랫동안 머무를 경우 이문건과 같이 일상적인 생활의 틀을 갖추는 것은 불가피한 일이었다. 특히 조선 후기의 유배인들은 역모와 같은 중범죄가 아닌 정치적 투쟁으로 인한 정계 축출의 성격이 짙었기 때문에 덜 가혹하게 처벌하고 관리한 것으로 보인다. 그래서 정약용도 외가가 있는 해남의 지원을 토대로 강진의 다산초당에서 학문에 몰두할 수 있었다. 정약전 역시 유배지에서 두 아이를 낳고 생활을 지속해 나갈 정도로, 조선 후기의 유배인들은 어느 정도 유배에 적응하는 모습을 보인다.

그렇다면 가장 많은 유배인을 배출한 제주도는 어땠을까? 실제로 가장 많은 기록이 남아 있고 정착한 유배인도 많은 만큼 제주도 유배인의 사례를 들여다볼 필요가 있다.

제주도의 유배인

조선 후기 들어 제주도로 보낸 유배인의 수가 증가하는 만큼, 제주에 정착한 양반도 상당히 많고 관련 기록과 유배 문학도 특기할 만하다. 대표적으로 유력한 학자이자 정치가인 정온, 김춘택, 이진유, 송시열, 김정희 등을 꼽을 수 있다. 이들은 치열해진 정국 변동으로 인해 제주도로 유배를 오게 되었다. 이 중 가장 유명한 인물은 노론의 거두로서 당시 학계를 이끌던 우암 송시열이다.

그는 숙종의 원자 정호定號(장희빈의 왕자 출산 직후 세자 임명)에 반대하다가 노여움을 사 83세의 노령으로 제주에 유배되었다. 물론 그는 100여 일간의 비교적 짧은 유배 생활을 마치고 다시 압송되던 중 사사賜死(임금이 내린 사약을 받고 죽음)되었지만, 그가 제주에 끼친 영향은 대단히 커서, 제주에 그의 학문을 계승하는 학자들이 생겨나기 시작했다. 송시열 이전에도 유력한 학자인 이익과 정온 등이 유배를 오면서 성리학이 전해졌지만, 송시열의 유배를 계기로 제주 사회에 성리학의 영향력이 커지고 충신과 열녀烈女에 대한 관심도 높아졌다.

한편, 제주 유배를 계기로 유배인이 정착하거나 그 후손이 정착해 아예 향촌에 입향한 사례 등이 많아지면서, 양반들의 제주 유배가 새로운 문화와 집안의 형성으로 이어졌다. 본래 제주는 고려시대 초까지 독립국의 지위를 유지하다가 1105년 고려에 편입되었으나, 원 간섭기 때 원에 복속되는 등의 변화를 겪어 조선 시대에 이르러 통치 체제에 편입되었다. 그래서 조선의 본토와는 판이한 문화와 역사를 지니고 있었는데, 중앙 정계의 지식인과 관료들이 유배를 와서 제자를 양성하고 정착한 것이 종교, 사상, 문화적인 일체감을 갖는 데 영향을 미쳤다.

또한 조선 후기 대표적 지식인인 김정희가 제주로 유배를 오면서 제주 사회에 또 다른 변화가 일어났다. 추사 김정희는 일찍이 중국 북경에서 선진 문물을 배우고 청나라의 학자들에게 인정받은 뛰어난 학자이자 시서화詩書畵에 두루 능통한 인물이었다. 그런 김정희가 1840년 제주 대정현에서 약 9년간 유배 생활을 하면서 제주의 유생과 교류하였고, 이는 새로운 문명의

김정희의 〈세한도〉 출처: 국립중앙박물관

전파로 이어졌다.

　제주도에서는 유배인을 흔히 '귀양다리'라고 불렀는데, 가장 유명한 귀양다리가 바로 송시열과 김정희다. 김정희는 제주로 와서 지식과 학문에 목말라 있던 제주의 지식인들과 교유하며 선진적인 지식을 전파하고, 많은 제자를 양성하는 등의 역할을 하였다. 김정희의 제자 이한우, 강사공, 박혜백, 허숙, 이시형, 김구오, 강도순, 강도휘, 오진사 등은 육지와 멀리 떨어진 절도 출신으로서 이름을 알린 제주의 지식인들이다.

　한편, 다산 정약용 역시 유배 생활 동안 500여 권에 이르는 필생의 역작 《여유당전서與猶堂全書》를 완성하였다. 조선시대

《여유당전서》
출처: 한국학중앙연구원

의 실상과 조선 지식인의 사유 체계를 생생하게 담은 다산의 《여유당전서》는 학문적·문화적·역사적 의미에서 가치를 매기기 어려울 만큼 소중한 우리의 문화유산이다. 그는 유배지에서 백성들이 겪는 고초와 불합리함을 가까이에서 보면서 조선 사회가 안고 있는 문제점과 그 해결책을 고민하여 이를 정리하였다. '실학의 집대성자'라는 그의 명성은 바로 18년간의 유배 생활에서 비롯된 것이었다.

정약용은 1801년부터 1818년까지 18년 동안 강진에서 유배 살이를 하면서 집필 활동은 물론이고 제자 양성에 힘을 기울여 많은 제자를 배출했다. 정약용은 유배지에서 제자들과 함께 차를 재배하고 마시는 '다신계茶信契'를 만들고, 제자들의 학문적 모임인 '다산학단茶山學團'을 형성하여 황상과 이청 등의 제자를 길러 냈으며, 해남과 강진의 유학자와 지식인 사회에도 큰 영향을 미쳐 해남의 지식인 그룹인 '다산 18제자'를 양성하였다.

정약용이 제자들을 교육하면서 지역 사회를 얼마나 크게 변화시켰는지를 보여 주는 결과라고 할 수 있다. 특히 이청과 황상 등은 중앙의 지식인에게도 알려질 정도로 학문적 성취가 높았고, 다산의 저서 집필에도 큰 도움을 주었다고 한다. 이들은 《목민심서牧民心書》, 《흠흠신서欽欽新書》, 《경세유표經世遺表》를 비롯하여 여러 분야의 책 집필에 참여하는 등 다산이 학문 세계를 완성하는 데 조력자로서 큰 역할을 했다. 한편, 다산은 유배 생활 동안 주변의 백련사와 대흥사 승려들과 교유하며 유교와 불교의 접점을 찾기 위해 노력했으며, 이들이 훗날 서울의 지식인들과 교유하는 데에도 큰 역할을 했다.

제4장

뜻하지 않은 해외여행

표류

조선시대 일반 백성들은 사실상 이동의 자유가 보장되지 않았다. 국가에서 부과하는 부역이나 군역軍役, 강제 이주 외에는 스스로 거주지를 옮기거나 다른 지역을 돌아 다닐 수 있는 자유가 없었다. 4군 6진을 개척하기 위해 '사민徙民 정책'을 취하면서 백성들을 강제 이주시키는 등의 특별한 경우 외에는 거의 이동이 이뤄지지 않았다. 개인의 이동을 이웃이나 친족들이 감시할 정도로 철저하게 이동이 제한되는 사회였다.

실제로 조선시대 사람들 중 가장 많은 비중을 차지하는 일반민과 노비들이 다른 지역으로 이동하는 사례는 좀처럼 찾아보기 힘들다. 일반민이 중앙정부의 통제와 감시를 피해 이동하는 것은 불법을 저지르는 일로서 엄하게 금지되었다. 대표적인 사례로 몰래 인삼을 캐기 위해 국경을 넘나드는 월경越境 행위, 무인도로 들어가 머무르거나 해적 활동을 하는 행위, 산으로 들어가 산적이 되거나 화적 무리가 되는 것 등이 불법적인 이동·이주에 해당한다.

물론 조선 후기에 이르러 상공업이 발전하고 보부상과 상단 등이 형성되면서 어느 정도 이동이 이뤄지긴 하지만 대부분의 일반민은 낯선 지역으로 이동할 수 없었다. 이른바 오가작통법五家作統法으로 세금과 부역·군역을 피하는 행위를 방지하는 감시 체제가 향촌 사회에 자리 잡았기 때문에 일반 백성의 이동과 이주는 거의 불가능에 가까웠다. 관이나 향리, 이웃들이 거주지 밖으로의 이동을 감시했던 것이다. 유람과 공부, 관직 생활 등의 이유로 비교적 자유롭게 이동했던 양반과 달리 일반민의 이동은 법적으로도 매우 통제받는 행위였다.

그럼에도 조선시대 일반인들이 불가피하게 대규모로 이동하는 경우가 있었으니, 그 대표적인 예가 전쟁이다. 전쟁으로 인한 피난은 불법적인 이동이 아니었다. 이와 함께 해상에서 어업 활동을 하던 중에 표류되거나 바다에서 길을 잃고 표류하는 사례 등도 합법적인 이동에 해당한다고 할 수 있다. 한편, 임진왜란과 병자호란 중에 뜻하지 않게 전쟁 포로가 되어 중국과 일본 등 해외로 끌려 가는 경우도 있었지만, 일반적인 사례로 보기는 힘들다.

이처럼 많지 않은 일반인의 이동 중 가장 흥미로운 사례로 표류漂流를 꼽을 수 있있다. 최부崔溥의 《표해록漂海錄》, 어부 문순득文順得의 표류 경험을 기록한 《표해시말》, 그리고 외국인의 조선 표류기인 《하멜표류기》 등의 자료들이 남아 있어, 이를 바탕으로 조선의 표류민 정책과 조선인의 표류 경험 등을 살펴볼 수 있으며, 동아시아 국제질서의 변화상과 표류민 대응에 대한 인식도 확인할 수 있다. 일반인의 표류가 돌발적 사건에 불과한 일회적 이동이긴 하나 역사적으로 시사하는 바가 적지 않다는 점에서 눈여겨볼 필요가 있다. 표류의 역사와 조선의 표류기를 살펴본 후, 표류민의 발생 배경과 송환 절차, 구체적으로 조선인과 외국인의 표류 사례를 들여다보자.

넘쳐나는 표류기의 배경

한반도는 삼면이 바다로 둘러싸여 있어 뜻하지 않게 외부의 표류민이 들어오는가 하면, 고기잡이를 하거나 사신으로 파견되어 이동하던 중에 뜻하지 않은 곳에 표류하는 일들이 많이 일어났다. 고대 가야의 김수로왕의 부인이 멀리 아유타국에서 배를 타고 왔다는 허황옥 신화, 홀연히 바다에 나타난 배 안의 궤짝에서 등장했다는 신라의 석탈해 신화 등은 외국인이 표류하다가 한반도로 이주하게 된 사연과 함께 이들이 가져온 선진 문물이 고대국가 형성의 토대가 되었음을 전한다. 연오랑과 세오녀 설화도 고대로부터 전해지는 대표적인 표류담이다.

이와 같은 표류 사건은 삼국시대에 항해 기술이 발달하면서 더 증가한 것으로 보인다. 특히, 백제·신라·고구려와 왜·중국 사이에 왕성한 교류 활동이 이어져 상인과 사신이 해로를 통해 유입되면서 더 많은 표류가 발생하였을 것이다. 백제 근구수왕 때 진나라에 파견한 사신들의 표류 사건, 신라 흥덕왕의 왕자 김능유의 표류 사건, 발해 무왕 때 고인의의 표류 등이 역사 기록에 남아 있어, 심심치 않게 표류 사건이 발생했음을 짐작할 수 있다.

고구려와 백제는 바다를 무대로 활약하는 전선戰船을 만들었고 해상 전투에도 능하여 강력한 해군력을 바탕으로 위세를 떨쳤다. 아울러 신라는 승려들의 왕래, 활발한 무역, 선진 문물을 배우기 위한 유학遊學 등을 목적으로 중국과의 해로 왕래가 활발했다. 신라 말 해상왕으로 잘 알려진 장보고는 서남해안에서 발생하는 신라 상인들의 무역 피해를 방지하기 위해 해적들을 소탕하고자 완도에 청해진을 설치하자고 주장했다. 장보고가 서남해안을 장악함으로써 신라는 큰 무역 이익을 얻었으며, 이후 장보고는 이를 바탕으로 왕권을 위협하는 존재로 성장하기도 하였다.

이처럼 고대부터 삼국시대, 남북국시대에 이르기까지 한반도 국가들은 바다를 적극적으로 활용했다. 따라서 기록으로 남

풍랑을 만나 표류하는 대마도 사행단의 모습을 그린 〈범차도泛槎圖〉
출처: 국립중앙박물관

지는 않았으나 한반도에서 상당히 많은 표류 사건이 일어났을 것임을 미루어 짐작할 수 있다. 표류에서 살아남은 자들은 국적을 불문하고 해상 세력이 되거나 이국에 정착하여 살았을 것으로 추측된다. 장보고가 소탕한 해적, 즉 대마도를 거점으로 한 왜구의 존재가 일본인뿐 아니라 중국인 · 한국인 등이 합쳐진 세력이었다고 하는데 이들의 다양한 출신 역시 표류와 관련

20세기 초에 촬영된 경기 개성 예성강과 미라산 출처: 국립중앙박물관

이 있다고 볼 수 있다.

고려시대에는 공식적인 사신의 파견, 상인들의 활발한 해상
활동으로 인해 많은 표류 관련 기록이 남아 있다. 고려는 한때
중국을 위협하는 대제국을 건설한 거란과 여진은 물론이고, 중
국의 송나라와 원나라에 사신을 보내고 이들 국가와 활발한 무
역 활동을 벌였다. 따라서 고려시대 표류인들의 신분 역시 다

양한 계층에 걸쳐 있다. 공민왕恭愍王 대 유명한 학자 정몽주가 중국으로 건너가던 중에 표류를 경험한 바 있으며, 예종睿宗 때 진도현의 백성 8인이 탐라(제주도)를 향하다가 표류한 사례도 있다. 고려 말 충숙왕 때에는 일본인 100여 명이 표류하다가 고려에 들어온 기록이 있어 당시 한-중-일 무역 규모가 상당했음을 알 수 있다. 고려 전기 현종顯宗 때 정일은 알 수 없는 타국에 표류해 기이한 경험을 했다고도 한다.

고려시대 상업 활동과 무역 행위가 활발히 이루어진 만큼 많은 표류담이 전해지며, 계층과 상관없이 많은 사람들이 바닷길을 통해 각자의 이익을 위해 활발하게 움직였음을 알 수 있다. 뜻하지 않게 표류하게 된 이들은 동아시아 해역을 공유하는 선진국 중국의 문화와 일본 등 이국異國의 문화를 체험하고 문물을 교류했다.

조선의 해금 정책과 공도 정책

고려시대에 활발했던 무역과 해상 활동은 조선시대에 들어서면서 위축되었다. 조선은 농사를 근본으로 삼는 나라로 상업 활동을 억압하여 국왕이 허가한 공무역 외에 사무역을 금지하였으므로 일반민의 해상 활동도 위축될 수밖에 없었다. 특히 조공 질서를 구축한 명나라가 해적과 왜구 등의 노략질을 막기 위해 소극적인 해금海禁 정책을 실시하면서, 조공 질서 안에 편입된 조선 역시 해상 활동을 장려하지 않았다. 오히려 조선 정부는 일반민들의 바다 진출을 금지하는 해금 정책과 섬에 사는 사람들을 육지로 나오게 하여 섬을 비워 두는 공도空島 정책을 병행했다.

물론 명나라에 사신을 파견하는 등 공무역 활동은 계속 이어졌고, 이 과정에서 조선 전기에도 표류 사건이 심심치 않게 발생했다. 조선시대 표류기의 대표 저서라고 할 수 있는 최부의 《표해록》이 발간되어 호기심을 자극하기도 했으며, 이외에도 해금 정책이 오히려 바다와 외국에 대한 관심을 불러일으킨 때문인지 표류 관련 기록이 굉장히 많이 남아 있다. 표류는 가고자 하는 곳이 아니라 뜻하지 않은 곳에 도착하는 경험을 제공하기 때문에 중국(명나라와 청나라)에 대한 기록은 물론이고 동아시아 해역을 공유하는 새로운 세계인 왜(일본) · 유구琉球(오키나와) · 안남安南(베트남) · 대만 · 여송呂宋(필리핀) 등에 대한 정보도 담고 있다.

조선시대 대표적인 표류기로는 최부의 《표해록》을 비롯해 이지항李志恒의 《표해록》, 장한철張漢喆의 《표해록》, 문순득의 표류담을 담은 《표해시말(표해록)》 등을 꼽을 수 있다. 이 중 장한철은

최부의 《표해록》 출처: 국립제주박물관

유생이었다고 하지만 일반인으로 볼 수 있으며, 문순득은 어부로 문자를 알지 못하는 일반인의 경험을 담고 있다는 점에서 더욱 흥미롭다.

장한철은 제주 사람으로 과거에 응시하기 위해 1770년 배를 타고 서울로 향하다가 풍랑을 만나 표류하여 지금의 오키나와인 유구국에 도착하였고, 송환 과정에서 전라도 청산도·강진을 거쳐 귀향하였다. 문순득은 홍어잡이 어부로 1801년 신안 앞바다인 우이도에서 마을 사람 6명과 함께 출발해 흑산도 남쪽에서 멀리 떨어진 태사도 근처에서 표류하다가 보름 만에 유구국에 도착하였다. 그런데 문순득의 표류는 여기서 끝나지 않고 중국으로 송환되던 중 다시 표류해 여송(필리핀)에 닿아 한

문순득이 표류를 시작하게 된 우이도 출처: 한국관광공사

동안 머무르게 된다. 이후 문순득은 스스로 돈을 벌어 중국의
광동 지방을 거쳐 북경에 도착했고, 조선의 의주를 거쳐 3년 6
개월 만에 귀향하였다. 문자를 알지 못하는 문순득의 이야기가
흑산도에서 유배 중이던 정약전에게 전해져《표해시말》로 남
게 되었다.

조선은 왜 일반인의 해상 활동을 금지했을까? 여러 가지 이
유가 있겠지만 조선 전기에는 관념적인 이유가 컸다. 조선 개
국 후에는 고려시대까지 활발했던 해상 무역 활동을 금지하려
는 목적이 컸고, 1371년부터 200여년 간 실시된 명나라의 해금
정책에 부응할 필요도 있었다. 조선은 사대교린事大交隣(큰 나

라는 섬기고, 이웃 나라와 우호적으로 지냄)을 외교의 원칙으로 내세우며 중국의 조공 질서에 편입됨으로써 외부 세력과의 충돌을 미연에 방지하고자 했다. 2등 국가로서 1등 국가를 인정하고 평화와 안정을 지향하는 외교정책을 취한 것이다.

당시 초강대국 명나라에 대한 사대를 표방하고, 이웃 국가인 유구·왜·여진 등과는 적당한 원조와 적당한 위협 사이에서 우호적인 관계를 유지하는 교린 관계를 지향하였다. 그래서 조선은 건국 초부터 《대명률》을 차용해 개인적인 출해出海와 무역을 절대 엄금하고 문인文引 제도를 통해 나루터와 관문을 통한 사적인 도해渡海도 금지할 정도로 바다로의 이동을 강하게 금하였다.

이처럼 조선시대 바다 관련 정책은 기본적으로 해금海禁을 표방하였는데, 조선 후기에는 '해방海防 정책', 곧 표류를 빙자한 외국인 선박과 군대의 바다 침범을 막는 데 주력하게 된다. '황당선'이라고 일컬어졌던 외국의 상선과 선박이 표류를 이유로 조선의 바다에 출현하는 일이 잦아졌기 때문이다.

표류를 통해 알 수 있는 동아시아 국제질서

그렇다면 중국에 표류한 조선인은 어떤 대접을 받고 어떤 과정을 거쳐 조선으로 돌아왔을까? 최부의 《표해록》에 기록된 바에 따르면, 표류인이 발견되면 그가 도착한 해안가를 관장하는 군인이 체포한 후 해당 진으로 압송하고, 군사 파총관이 표류의 전말을 조사한 뒤 해당 성省 군사 장관의 심사를 거친다.

이후 최고위급 관리가 다시 심사한 후 공문서를 써 주면 북경으로 이동하고, 조선의 사신이 올 때 육로로 함께 송환하거나 해로로 다시 송환시켰다. 이때 중국은 표류인이 위험 인물이 아니라고 판단하면 머물 때까지 좋은 양식과 좋은 옷을 주며 후히 대접해 주었다. 이는 조선이 중국의 번방藩邦, 즉 중국을 울타리처럼 보호하는 이웃 국가이자 우호적인 관계를 추구하는 조공 질서에 편입된 국가였기 때문인 듯하다.

일반민이 표류한 경우도 크게 다르지 않았다. 조선의 제주도 어부 이대李大가 어업 활동 중에 중국의 절강성까지 표류했을 때에는 절강성의 관리가 이대에게 해로를 통한 송환을 권유했으나 이대가 강력하게 육로 송환을 원하자 그의 바람대로 육로를 통해 송환해 주었다. 뿐만 아니라 중국은 조선이 요구하면 표류 중에 죽은 사람의 시체도 송환해 주었다. 성리학을 국교로 하는 조선에서는 조상의 시신을 매우 중시했다. 표류한 사람이 사망해 타국에 매장되면 후손들이 제사를 지낼 수 없기 때문에 시신의 송환을 요구한 것으로 보인다. 중종 대 처음으로 표류인의 시신 송환을 요청한 이후로 중국은 시체도 함께 송환시켜 주었다.

한편 조선인이 중국이 아닌 유구, 안남 등에 표류하게 될 경우에도 조선인은 반드시 중국의 본토를 거쳐 조선으로 송환되어야 했다. 유구와 안남 정부는 조선인 표류민이 발생하면 본국에서 돌봐 주다가 중국으로 선박을 보내 중국을 거쳐 조선으

조선과 명나라의 표류민 송환 과정

중국인 표류	조선인 표류(표해록)
지방관 감영 보고 間情 및 표류선 검수 표류민 호송(서울) 외교적 송환 절차 송환 문서(중국) 요청 표류민 원적지 송환	표류 해안 군인 압송 파총관-군사 장관 보고 공문과 함께 북경 도착 조선 사신단 함께 송환 표류민 후하게 대접
사신 파견 및 공무역 명분	일반인: 李大(융숭한 대우)

최부의 표류 여정 출처: 《한국의 고전을 읽는다》

로 송환시켜야 할 의무가 있었다. 중국에 보고 과정을 거친 후 중국을 거쳐 조선으로 송환되는 절차가 이뤄진 것이다.

이러한 조선 표류민의 송환 과정을 보면, 조선과 중국의 조공 관계와 동아시아의 국제질서를 알 수 있다. 특히 중국의 조공 질서에 조선과 함께 포함되어 있던 유구와 안남 등이 조선과 직접 표류민을 송환하는 절차를 밟지 않고 중국을 거쳐 조선에 송환한 것은 눈여겨볼 만하다. 이는 조선, 유구, 안남 등이 형식적이나마 중국에 조공을 바치는 국가로서 중국을 본국으로 보는 국제질서를 추구했기 때문으로 보인다.

물론 모든 경우에 중국을 거친 것은 아니지만, 이러한 송환 절차를 거치면서 표류 조선인들은 뜻하지 않게 여러 가지 경험을 하게 되었다. 유구에 표류한 문순득도 곧바로 조선으로 돌아오지 못하고 중국으로 향하다가 여송(필리핀)에 표류하게 되었고, 다시 중국 본토를 거치면서 뜻밖의 동아시아 순방을 경험하게 된다.

해금 정책의 배경이 된 왜구와 정성공

한편, 조선의 해금 정책과 관련하여 중국 중심의 동아시아 해상 질서 바깥에 존재했던 왜구의 존재에 주목할 필요가 있다. 고려 말부터 극성을 부린 왜구들은 조선 초기까지 해안가에 침입해 크고 작은 왜란을 일으켰다. 대마도를 근거지로 한 이들이 조선 서남해 섬에 머물면서 노략질을 일삼는 바람에 조선의 섬 사람들은 큰 피해를 입었다. 이에 조선은 해안가에 군진을 설치하고 각 도에 수군절도사를 두어 왜구를 소탕하는 한편, 삼포를 열어 왜구를 달래기도 했다.

세종이 왜구의 본거지인 대마도에 이종무 등을 보내 소탕 작업을 펼치기도 했으나 왜구에 대한 불안감은 줄어들지 않았고, 오히려 내항 일본인의 급증, 왜관에서의 접대 증가로 경제적 부담만 가중되었을 뿐이다. 게다가 조선이 바닷길을 폐쇄하는 해금 정책과 섬 주민들을 육지로 이주시키는 공도 정책을 펼치자, 비어 있는 섬에 도적과 해적들이 잠입하는 문제가 발생하기도 했다.

소극적인 조선의 해방 제도는 국경의 군사적 방어보다는 주민의 해양 월경과 외양으로의 이동 감시를 더 중시하는 방향으로 나아갔다. 조선 정부는 월경의 기준을 수종水宗(수평선)이라는 매우 불명확한 경계로 정해 놓고 선박과 어민의 이탈을 항상 감시하였다. 곧, 조선의 해금은 막연한 해상 활동 금지가 아니라 자국민의 수종 이탈과 외해外海 표류를 엄격하게 규제하려는 법 규정으로 볼 수 있다. 이는 관문을 넘어서면 처벌하는 관금關禁 조항과 일맥상통하는 것으로, 그 강제력이 크고 엄했다. 때문에 조선의 어업과 해양 상업, 수군의 작전 활동은 철저하게 외양 안쪽으로 제한되었다.

조선 후기의 법령집인《만기요람萬機要覽》과《속대전續大典》

은 해안가에 거주하는 백성은 물론이고 군대의 외양 진출도 엄히 금하고 있다. 《만기요람》은 '우리나라의 해금은 매우 엄하여 바닷가에 거주하는 백성을 외양으로 내보내지 않는다'는 기본 원칙을 반영하고 있으며, 《속대전》은 '전선과 병선도 작전 수행을 위한 일이라 해도 외양으

대만 앞바다를 장악한 해적왕 정성공
출처: 《중국인물사전》

로 내보낼 수 없다'고 엄금하고, 몰래 전선을 풀어 놓아 전선을 잃어버릴 경우에는 사형으로 처벌한다고 명시하였다.

"자국민의 속박을 법령의 갑으로 삼는다"는 《전각사일기》의 내용은 조선의 해방 정책이 조선의 자국민 도주 방비를 위한 대책이었음을 보여 준다.

해금 정책은 병자호란 이후 더 강화되는데, 이는 중국에 청 왕조가 건국되고 명 왕조가 멸망하면서 잔존한 친명 세력이 절강성을 비롯한 남부 지역으로 이동하여 당시 해상 세력인 정성

공鄭成功 일파와 합류하면서 청나라의 강력한 견제가 작용했기 때문이다. 한편 북벌을 주장하며 조용히 청에 대한 복수를 주장하던 조선 정부는 정성공 세력 일부가 표류해 오자 이들에게 호감을 보이면서 내부 정세를 파악한 뒤, 청나라 사신이 파견되자 이들을 청 정부에 압송하는 이중적인 태도를 보이기도 했다.

정성공 일파는 17세기 중·후반부터 근거지를 대만으로 옮겼는데, 이들이 친명 국가인 조선에 표류해 오는 일이 잦아졌고 심지어 조선의 섬에 근거지를 두는 일도 있었다. 이에 조선 정부는 서남해안의 섬에 방어진을 설치할 방법을 강구하고, 이들과 크고 작은 해전을 벌였다.

이러한 국제 정세 속에서 조선 정부는 타국인 표류에 대해 원칙적으로 송환을 기본 입장으로 취하였다. 중국인이 표류해 오면 지방관은 해당 감영에 보고하고 감영은 문정問情 후에 배의 상태를 살펴 온전치 않을 경우 서울로 표류민을 호송한 후 원적지로 돌려보내는 방식을 취하였다. 배가 온전할 경우에는 그대로 돌려보냈는데 이때 청나라 조정에 자관咨官을 청한 후 본국으로 송환하는 절차를 거쳤다.

일본인의 경우에는 대마도(쓰시마)인과 그 외 사람을 나누어 대접하였다. 대마도는 조선과 가깝고 통교가 자주 있는 곳이기 때문인지 대마도인이 표류할 경우 부산포의 왜관에 머물게 한 뒤 공식적으로 도움을 주도록 하였다. 대마도인이 아닌 경우에는 정박하고 있는 배나 임시 거처에 머물게 하고 표류 사실에 대해 구체적으로 확인한 뒤 도움을 주었다. 곧, 조선은 사대의 대상인 중국인의 경우 원칙적으로 송환의 대우를 하고, 일본인은 교역이 있는 대마도는 조금 더 우대하는 모습을 보여 상대적인 입장을 취했음을 알 수 있다.

홍어 장수 문순득, 동양의 신드바드가 되기까지

조선시대 표류인 중 문순득은 두 번이나 풍랑을 만나 표류하면서 동아시아의 바다를 모두 유람하고, 당시로서는 생소한 지역인 유구(오키나와)·여송(필리핀)·중국 등을 모두 돌아본 일반인이란 점에서 주목할 만하다. 이러한 문순득의 표류 여정과 이국에서의 경험, 생활 등이 자세히 담겨 있는 《표해시말》은 일반인의 이동 사례를 보여 주는 귀한 자료이다.

앞서 살펴보았듯, 조선의 백성이 중국과 일본을 방문할 수 있는 방법은 전무했다. 고위 관직자들도 사신이 되거나 조선

우이도에 있는 홍어 장수 문순득 동상(왼쪽), 문순득의 표류와 귀국 경로(오른쪽)
출처: 한겨레신문

통신사의 일원이 되지 않고서는 중국, 일본을 다녀오기가 쉽지 않았다. 그런데 흑산도에서 홍어를 잡던 어부 문순득이 뜻하지 않은 표류로 인해 중국은 물론이고 조선과 교역이 별로 없던 유구, 여송 등을 다녀왔으니 얼마나 희귀한 경험인가.

표류는 기본적으로 매우 위험한 해난 사고를 동반하는 이동 형태이므로 하고 싶다고 할 수 있는 것이 아니다. 표류로 인한 해외 이동은 말 그대로 뜻하지 않은 여정으로서, 문순득처럼

문순득의 표류 일정

조선의 우이도에서 출발, 태사도에서 표류 → 제주도 표류 → 유구 해안가 도착,
유구 대도로 송환 → 유구 대도의 양관촌에서 머무름 → 유구 대도 우검촌 이동
→ 유구 나패 이동 → 유구 나패 마치산도 이동, 중국 향해 출발 → 여송 일로미로
표류 → 중국 오문에 도착 → 향산현 이동 → 광동부 이동→ 남경 이동 → 북경 이
동→ 조선 의주 송환 → 한양 정부에 보고 → 다경포 이동 → 우이도 이동

운이 따라 준다면 조선인으로서 경험할 수 없는 여행을 할 수
있는 유일한 기회이기도 했다. 당시 사람들에게 문순득은 동아
시아를 순방한 행운아로 여겨졌을 것이다. 그리하여 문순득의
이야기가 널리 퍼졌고 이를 전해 들은 정약전이 그의 이야기를
기록하여 문집에 담으면서 귀중한 자료로 남게 되었다.

문순득은 평범한 어부이자 홍어 상인으로 대대로 어업에 종
사했을 것으로 추정된다. 1801년 그는 평소처럼 우이도에서 가
족들과 함께 배를 타고 홍어를 잡으러 출발했다가 대흑산도 인
근에서 표류하게 되었고, 보름 만에 현재의 오키나와 섬에 도
착했다. 이후 송환되는 과정에서 여송이라고 일컬어졌던 필리
핀 루손섬에 다시 표류하였으며, 오문(현재의 마카오)을 거쳐 중
국 본토로 송환되는 과정을 거쳐 약 3년 만에 고향인 우이도로

돌아온다. 그의 표류 여정과 본국 귀향 과정을 살펴보면(표 참조) 그가 수많은 지역을 거치면서 끊임없이 이동했음을 알 수 있다. 문순득의 이동 경로를 좀 더 자세히 살펴보자.

1801년 12월 16일경 우이도에서 출항한 문순득은 태사도 근처에서 풍랑을 만났고 해류를 따라 제주도로 휩쓸려 갔다가 서남쪽에 있는 유구까지 표류하여 해안가에 겨우 도착한다. 유구의 대도에 처음 도착한 문순득은 관원들의 관리 아래 양관촌과 우검촌에 움막을 짓고 머물면서 감시와 보호를 받았다. 이때 문순득은 유구인들이 자신을 융숭하게 대접하여 인상적이었다고 하였다.

이후 중국으로의 송환을 위해 문순득은 유구의 수도인 나패로 이동했다. 나패를 통해야만 중국의 항로를 통과할 수 있었기 때문이다. 하지만 유구의 속셈은 따로 있었던 것 같다. 유구는 송환을 핑계로 중국과 공무역을 할 기회를 엿본 것이다. 표류인을 송환할 목적보다는 무역을 위한 상선도 함께 출항시키기 위해 문순득 일행을 나패까지 이동시켰던 것으로 보인다.

당시 유구는 사실상 일본의 속국이었으므로 거리상으로나 외교적으로 문순득 일행을 일본으로 송환하는 것이 더 쉬웠다. 하지만 17세기 말 정성공 일파가 소멸하고 청의 해금 정책이

풀리면서 유구는 독자적인 해상 무역을 추구하였다. 그래서 문순득 일행이 표류하자 유구 정부는 문순득 일행을 일본으로 송환하지 않고 중국으로 직접 송환함으로써 독자적인 무역 활동을 도모하려 한 듯하다.

유구에게 문순득 일행은 귀찮은 표류민이 아니라 국가의 무역을 위한 선물과 다름없었고, 따라서 문순득 일행은 나패에 머물 때 극진한 대접을 받았다. 유구 정부는 문순득 일행의 편의를 위해 조선어를 하는 통역사를 두어 의사소통에도 문제가 없도록 신경을 썼다. 조선인 통역사가 미리 준비되었다는 점에서 유구 정부가 문순득 외에도 조선인 표류인을 받아 본 경험이 있었다고 유추해 볼 여지도 있다.

유구는 표류인들에게 매일 쌀과 채소·고기까지 주며 극진히 대접하고, 아픈 사람에게 의원을 보내 주는 등 살뜰하게 보살폈다. 무역의 명분이 되는 표류인이 아프거나 죽으면 안 되기 때문이었다. 또한 표류인들에게 은·담배·차 등을 제공하는 등 각별히 대접하여, 이에 감동한 문순득이 이 사실을 잊지 않고 기록하였던 것이다.

나패에서 6개월을 보낸 문순득은 또 다른 표류인인 중국인들과 함께 중국의 복건성으로 출항했다. 이때 무역선인 진공선

2척도 함께 출항했는데 다시 풍랑을 만나 표류하게 되었으니, 이때 도착한 곳은 현재의 필리핀 북서부 해안인 일로미Ilocos Sur였다. 이곳은 조선과 외교 관계가 없는 곳으로 당시 스페인의 식민지였다. 그래도 다행히 중국인들이 많이 살고 있어 문순득은 함께 탑승했던 중국인들의 도움을 받아 집을 빌리고 그들과 함께 생활하였다.

이때 문순득은 뜻하지 않게 자유롭게 먹고 마시며 자못 사치스러운 생활을 누렸다. 중국인들과 함께 매일 소 한 마리를 잡아서 식사를 했다고 하는데, 이는 호송을 책임졌던 유구국 관원이 비용을 전부 책임졌기에 가능한 일이었다. 문순득 일행은 한동안 무상으로 호사를 누리면서 유람을 떠난 기분을 느꼈던 모양이다.

하지만 문순득 일행의 호화로운 생활이 이어지면서 유구국 관원들과 갈등이 생긴 모양이다. 결국 유구국 관원들이 중국인과 문순득 일행을 내버려두고 떠나 버리는 바람에 그 이후에는 생계를 걱정하게 되었다. 그 과정에서 문순득은 특유의 생활력을 발휘해 현지 화교들과 선교사의 도움을 받아 연명하였다.

이때 문순득은 고향으로 돌아갈 경비를 마련하려고 끈을 꼬아 팔거나 땔감을 베어 팔았는데, 그 과정에서 필리핀어를 배

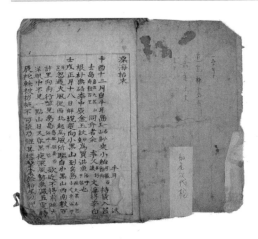

정약전이 문순득의 표류담을 기록한 《표해시말》 출처: 문화재청

위 의사소통이 어느 정도 가능해졌다고 하니 조선인 어부의 강한 생활력을 느낄 수 있다. 이렇게 경비를 마련한 그는 거의 4개월 만인 1803년 8월 중국 광동으로 가는 상선에 탑승하였다. 이때 그는 대은전大銀錢 12개를 경비로 치르고 배에 타서 중국 광동의 오문에 도착하였다.

　당시 오문은 포르투갈인들의 거류지여서 서양인들이 많았다. 문순득도 포르투갈인들에게 조사를 받게 되었는데, 그가 조사를 받으러 간 곳은 포르투갈 총독의 집이었다. 그런데 이곳에서도 문순득은 성대한 대접을 받았으며, 이후 포르투갈인들의 객사에 머물면서 또다시 융숭한 대접을 받았다. 아마도 포르투갈인들은 문순득이 자신들이 터를 잡고 있는 중국의 번국인 조선 출신이었기에 중국인을 대하듯 잘해 주었던 모양이다.

다시 오문을 떠나 청나라 관원에게 인계된 문순득은 향산현(마카오)에서 심사를 받은 후 북경으로 이동하였다. 이후 회동관에 머물던 문순득 일행은 1804년 11월에 조선의 사절단과 함께 의주를 거쳐 조선에 왔고 조사를 받은 후 3년 2개월 만에 드디어 고향 땅을 밟게 되었다.

정약용이 제안한 표류민 대응 정책

문순득의 표류담은 정약전의 문집에 포함되어 전해지는데, 정약전의 동생 정약용도 형을 통해 그의 표류담을 들어 잘 알고 있었던 모양이다. 정약용은 제자들과 함께 저술한 《사대고례事大考例》에서 문순득의 표류담을 인용하면서 이를 바탕으로 조선의 해방 정책 등 외교정책에 대한 자신의 생각을 정리하여 제안했다.

정약용은 이 책의 〈해방고〉에서 '아인표해례我人漂海例'를 따로 구성해 중국에 표류했다가 송환된 조선인의 표류 사례 9건을 다루었다. '아인표해례'에 소개된 일반인의 표류를 살펴보면 문순득의 사례와 비슷한 표류담을 찾아볼 수 있어 흥미롭다. 1705년 남자 12명, 여자 6명이 풍랑을 만나 표류하다가 유구에 도착하였는데 이들 역시 청의 복건성을 거쳐 북경을 통해 조선으로 돌아왔다. 또 1713년에는 조선의 광주 사람 고도필高道弼 등 7명이 강녕태주江寧泰州에 표류하였는데, 이들 역시 북경으로 압송된 후 조사를 받았고, 의도적인 표류나 해적 활동이 아닌 것을 확인받은 후 조선의 사신들과 함께 의주를 통해 돌아왔다.

정약용은 자국의 표류인 송환 처리 사례를 살펴보고, 표류인에 대한 청나라의 외교적 절차를 본받아 조선에서도 표류인에 대한 절차를 지키고자 제언한 것으로 보인다. 당시 조선의 앞바다에서 발생하는 표류 사건을 제대로 처리하지 않으면 국제 질서를 해치는 문제가 될 수 있고, 표류인에 대한 적절한 대응이 따라야만 국가 간 갈등으로 비화되지 않을 것이라고 보았던 것이다.

이에 정약용은 학자이자 관료로서 올바른 표류 정책을 세우고 향후 국제 관계는 물론이고 해상 영역과 관련된 외교 문제가 생기지 않도록 대비하고자 외교 문서를 통해 각국의 표류인에 대한 대처와 그 송환 절차를 살펴보고 이를 사례별로 정리하였다. 표류인에 대한 잘못된 대응은 자칫 잘못하면 외교적 갈등으로 비화할 수 있고, 표류인이 가져다주는 정보를 잘 활용하면 오히려 국력에 도움이 된다고 본 것이다. 곧, 정약용은 《사대고례》에서 표류민에 대한 외교 정책과 해상 외교를 위한 메뉴얼을 제시한 셈이다.

실제로 17세기 말부터 조선과 청의 바다에서 많은 표류 문제가 발생했고, 여기에는 외교적 문제로 비화할 만한 위험성이 존재하고 있었다. 특히 청과 조선은 18세기 이후부터 경계를 두고 다투고 있었고, 해상의 경계는 육지보다 애매했기 때문에 갈등으로 비화할 소지가 있었다. 이에 해상에 대한 영역 갈등과 표류민을 빙자한 해적과 불법 월경 행위 등에 대처할 필요가 있었다. 그중에서도 무역과 영토 점유를 위한 고의 표류인 고표故漂와 황당선의 고의 표착 등의 사례가 심심치 않게 발생하여 정약용의 문제의식이 더 커진 것으로 보인다.

조선으로 표류해 오는 표류인은 조선의 해금 정책, 공도 정책과 맞물려 점차 심각한 사안으로 떠올랐다. 특히, 청나라 사람들이 상품 가치가 높은 해삼을 채취하기 위해 조선의 영토인 백령도를 무단으로 침범했다가 안흥진에 표류한 적이 있다. 또 순조 초년에는 감시가 부족한 장자도에 머물던 무리들이 표류인을 빙자한 사실이 있다. 이 문제는 정조 대부터 심각한 사안으로 논의되어 이때부터 섬에 대한 수군의 정기적인 감시와 점검이 요청되었다.

이처럼 표류를 빙자한 국경 침범이 점차 심각해지자 정약용은 표류인에 대한 정확한 조사와 합리적인 처리를 위해 표류의 사례를 모아 정리했고, 향후 표류민에 대한 대응책을 모색하였다. 정약용은 표류인에 대한 적절한 대응을 위해 제도 개선과 도서 지역 주민들에 대한 배려가 필요하다고 보고,《목민심서》에도 표류인에 대한 조사와 복잡한 송환 절차로 인해 섬에 살고 있는 주민들이 지나친 부담을 지고 있다는 점을 지적하며 개선을 요청하였다.

정약용이 지적한 표류인 대응의 문제점은 5가지로 요약할 수 있다. 먼저 표류한 외국인을 손님 맞이하듯 공손하고 친절하게 대해야 하며, 표류선 안에 책이 너무 많은 경우 베끼지 못한다고 하여 불태우는 것은 어리석은 일이라고 비판했다. 또, 문정관과 수행원들이 섬을 방문할 때 갖은 침탈을 하기 때문에 주민들이 표류인을 죽여 버리고 배를 불태운다면서 이들의 비리를 고발하고, 외국 배의 우수성을 기록으로 남겨 본받아야 한다고 했다. 마지막으로 표류인을 후하게 대접하여 조선에 대한 좋은 인식을 심어 줘야 한다고 하여 국제적인 평가까지 고려하였다.

한편 18세기 들어 청의 해금 정책이 완화되고 국적 불명의 황당선이 출몰하면서 무인지경의 도서 지역에 청나라 사람과 타국인의 출몰이 잦아지자 이에 대한 대책도 강구하였다. 조선은 도서 지역 주민들의 이산離散을 방지하고 내지인을 이주시키는 대책을 강구하였다. 그 결과 황당선이 출몰한 1793년에 황해도의 대청도와 소청도 지역의 개간이 이루어지고, 도서 지역에 읍치를 두자는 해도설읍론海島設邑論이 제기되었다.

이에 정약용은 청과 조선이 1807년 당시 점유권을 두고 갈등 중이던 장자도 문제를 언급하면서 또 다시 청나라인이 몰래 들어와 통상을 하지 못하도록 진을 설치해야 한다는 의견을 간접적으로 개진하였다. 이 섬은 훗날 '조청수륙무역장정'에서 청의 점유지가 되는 운명을 갖게 된다는 점에서 정약용의 혜안을 확인할 수 있다.

푸른 눈의 표류인, 벨테브레와 하멜

강력한 해금 정책을 실시한 조선의 바다에도 푸른 눈의 서양인이 뜻하지 않게 표류해 오면서 '조용한 아침의 나라'이자 '은자의 나라' 조선이 서양 사회에 알려지게 되었다. 일찍이 신라시대 당과의 교역을 통해 한반도 고대국가들의 존재가 알려진 바 있고, 고려시대에도 활발한 무역으로 서양에 코레아Corea라는 이름이 전해졌다. 조선은 강력한 해금 정책을 펼쳐 해외로 전혀 진출하지 않았음에도 그 이름이 알려졌는데, 이는 임진왜란의 영향이 컸다.

임진왜란에는 조선과 일본 · 명이 참전했는데, 명의 군대는 연합군으로 지금의 타이 · 티벳 · 오키나와 · 인도 · 미얀마 사람을 비롯하여 서양인인 포르투갈인까지 참전했다. 포르투갈 군인은 임진왜란을 기록한 당시 그림에 흑인으로 묘사되어 있으며, 잠수에 능해 귀신처럼 보여 귀병(鬼兵)이라 불리기도 하였다. 이처럼 당시 중국의 절강성과 복건성에 포르투갈인과 네덜란드인들이 상업 활동을 위해 오가고 있었기에, 임진왜란 관련 소식이 서양에도 전해졌다. 임진왜란 종전 무렵인 16세기 후반 예수회 신부 세스페데스Gregorio de Cespedes에 의해 조선에

네덜란드 호린험에 있는 하멜 동상(왼쪽)과 알크마르에 있는 벨테브레 동상(오른쪽) 출처: 위키피디아

대한 정보가 간략하게나마 전해졌고, 최초의 조선 관련 기록은 네덜란드 출신 항해가 판 린스호턴Jan Huyghen van Linschoten이 쓴 《포르투갈인 동양 여행기》이다.

특히 네덜란드인들이 조선과 많은 인연을 맺었는데, 그 첫 인연은 1627년 제주도에 표류하고 정착한 벨테브레Jan Janse de Weltevree(한국명 박연)이다. 벨테브레는 제주도에 정착하여 조선인 여자와 결혼해 아이를 낳았고, 죽을 때까지 조선에 살면서 훈련도감의 군인으로서 대포 제작과 조난자 교육을 담당하였다. 이후 조선을 전 세계에 알린 인물은 1653년 제주도에 표류한 하멜Hendrik Hamel 일행이다.

하멜은 잘 알려져 있듯이 조선에서 13년간 살다가 탈출해 네덜란드로 돌아간 뒤 《하멜표류기》를 출간하여 조선의 존재를 비교적 정확하게 알린 인물이다. 하멜 일행은 일본의 나가사키로 항해하던 중 제주도로 표류하게 되었고, 도착했을 때 절반 정도만 살아남았다. 처음에는 위협적이었던 군인들과 점차 친해진 하멜 일행은 이후 제주 목사에게 조사를 받았으며 벨테브레도 만났다.

이때 국왕 효종이 하멜 등을 만나 화약·대포·무기·배 등의 제작에 도움을 받으려 했으며, 왕의 행차 시에 총을 매고 호위대에 참여시키기도 했다. 그러던 중 청나라 사신이 조선에 왔을 때 하멜 일행 중 두 명이 탈출을 기도하는 일이 벌어져, 하멜 등은 곤장 50대를 맞고 다시 조선의 해안가로 유배되었다. 하멜은 최초의 서양인 유배인이기도 한 것이다.

하멜 일행은 순천과 영암 일대에서 유배 생활을 하였고, 병사들에게 가혹한 학대를 받다가 견디지 못하고 탈출하였다. 물론 유배 생활에 잘 적응하여 한국인과 결혼한 이들도 있었다고 한다. 그 때문인지 하멜 등은 표류기에서 조선에 대해 호의적인 평가를 내리다가 야만적이라고 평가하는 이중적인 모습을 보인다. 당시 조선에서 흉년이 오래 지속되어 이들의 삶도 매우 피폐했고 여러 명이 죽기에 이르자 1666년 9월에 하멜을 포함하여 8명이 배를 타고 나가사키로 탈출을 시도하여 성공했다.

하멜은 총 13년간의 억류 생활을 끝내고 모국 네덜란드에 도착했고, 자신들의 이야기를 담아 《하멜표류기》를 출간하였다. 이 책은 서구인이 처음 기록한 조선 표류기란 점에서 의미가 있는데, 문학적 가치가 있는 작품이라기보다는 보고서에 가깝게 서술되었다. 내용의 절반은 조난 경위와 조난 상황을 기술하고, 절반은 조선의 국토와 백성에 대한 내용을 담고 있다. 하멜이 제주에서 암스테르담에 이르는 여정을 정리하면 제주-해남-나주-장성-태인-전주-영산-공주-서울, 다시 반대로 해남을 거쳐 좌수영-해남-일본을 거쳐 모국으로 돌아갔다.

조선이 강력한 해금 정책을 펼쳐 주민의 해외 이탈을 막고 외부와의 접촉을 막았지만, 뜻하지 않은 표류를 겪으며 다양한 나라의 사람들이 조선 땅에 들어왔고 반대로 낯선 땅에 도착해 이색적인 외국 문화를 체험하고 돌아온 조선인들도 있었다. 중국의 조공 질서 안에 편입된 조선인들은 표류한 곳에서 대체로 좋은 대접을 받은 후 귀향하였으며, 문순득과 같은 인물은 중국은 물론이고 서양인들의 거주지인 필리핀·마카오 등에서 흥미로운 경험을 하기도 했다.

조선 후기 들어 황당선의 출현과 고의 표류 등의 사건으로 인해 해금 정책과 공도 정책은 변경될 필요가 있었다. 이에 정약용은 문순득 등 표류인의 경험을 바탕으로 해양 국경 분쟁에 대한 준비가 필요함을 주장하고 정책을 제안하였다. 아울러 청하지 않은 서양인들도 조선에 표류하게 되면서 조선의 존재가 국제사회에 알려지게 되었다. 이처럼 표류는 조선인으로서는 뜻하지 않은 이동이었지만 다양한 시대상과 국제적인 경험을 보여 주고, 그에 대한 대응책과 혜안을 제공했다는 점에서 매우 특별한 의미가 있다고 할 수 있다.

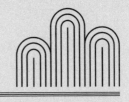

맺음말

조선 사람들은 대부분 신분별로 이동에 제한을 받거나, 이동을 할 수 없는 상황에 처해 있었다. 국왕은 만인지상의 혈통을 가진 특권층이었지만 이동에 있어서는 제한을 받았고, 양반은 가장 자유로운 존재로서 이동 제한 역시 거의 받지 않았지만 스스로 이동을 두려워하거나 이동할 필요를 느끼지 않았다. 마지막으로 일반민은 이동하고 싶어도 이동할 수 없을 뿐 아니라, 주로 농업에 종사하고 사회적으로 매여 있는 까닭에 이동하고 싶어 하지도 않았다. 그러나 원하든 원하지 않든 간에 이동할 수밖에 없는 상황에 처하여 그로 인해 고통을 받기도 하였으나, 그 과정에서 능력을 신장시키거나 뜻밖의 이익을 얻기도 하였다.

◆ ◆ ◆

먼저 조선의 국왕은 원하는 대로 돌아다닐 수 있는 존재로서 자유로운 모빌리티를 누렸을 것 같지만, 실제로는 '구중궁궐에 갇힌 외로운 신세'로 일컬어질 만큼 모빌리티에 있어서는 취약한 존재였다. 고려시대의 국왕이 법회와 사찰 행차에 자주 참여하며 마음껏 왕권을 누린 반면에, 조선시대 국왕은 성리학

기반의 강력한 왕권 견제책으로 인해 궁궐에 갇힌 신세와 다름 없었다. 이에 조선의 왕들은 온행과 능행을 통해 왕권을 드러 낼 기회를 마련하고, 온행과 능행을 명분 삼아 백성들과 직접 소통하는 방법을 찾아 나갔다.

이 중 온행은 질병 치유와 국정에 지친 심신의 피로를 푼다 는 것을 목적으로 내세워, 태조 때부터 가장 효과적인 왕의 이 동 명분으로 활용되었으며, 이후 태종과 세종 대에 온양 온천 이 개발되어 국왕이 자주 찾는 명소로 자리 잡기도 했다. 세종 은 온양이 다른 온천에 비해 이동하기 어렵지 않으며 온천 물 의 온도도 적당하고 치료에 효과적이라고 여겨 자주 이용하며 행궁을 세웠다.

세조는 만년에 생긴 피부병을 치료하기 위해 행궁을 복구하 고 온양 온천을 다시 찾았는데, 온행 때 별시를 치러 인재를 선 발하고 사냥·무예 연마 등 취미 생활을 즐기는 기회로 삼았 다. 한편 온천왕으로 일컬어지는 현종은 어린 나이에 왕위에 등극하여 부친 효종과 관련된 왕위 계승 정통성 문제에 휘말린 가운데 피부병과 종기 치료를 명분 삼아 조선의 왕 중 가장 많 은 온행을 단행하였다. 병을 치료하기 위한 목적도 있었지만 현종은 온행을 통해 백성들을 만나고 직접 인재를 선발하거나 충신·효자·열녀를 선발하는 등 현장에서 왕권을 확인하는 데 의미를 두었던 것으로 보인다.

조선 후기에는 온행보다는 선왕의 무덤을 찾는 능행이 국왕의 이동 명분으로 많이 활용되었다. 조선 후기 왕들은 주로 능행을 통해 백성들을 만나고 왕권을 드러내는 기회로 삼았다. 이는 임진왜란과 병자호란을 겪고 난 후 조선의 신분 질서가 붕괴될 것을 우려한 지배층의 정서와도 관련이 깊다. 조선 후기 예학을 중시하고 신분 질서를 강화하려 한 사대부와 왕실에게 능행은 좋은 이벤트였다.

능행은 국가 전례로서 국왕이 선왕의 시신이 안치된 왕릉을 찾는다는 점에서 매우 중요한 행사이자 불가피한 명분을 가진 이동이었다. 조선 전기에는 능행을 할 때 왕의 개인적 취미 생활과 연결되는 외유의 성격이 가미되곤 했으나, 성리학으로 무장한 신하들의 반대와 간언이 이어지면서 능행에서 외유의 성격은 점차 사라지고 백성을 만나 불편 사항을 듣고 어루만지는 행사가 자리 잡게 되었다.

능행의 성격 변화와 관련해서는 한강을 건너 선릉을 자주 찾으면서 '강남 개발'을 이루어 낸 중종의 역할이 컸다. 연산군을 몰아내고 공신들에 의해 왕위에 오른 중종은 왕권이 매우 취약할 수밖에 없었고, 이에 선왕 성종의 능인 선릉을 찾음으로써 자신의 혈통을 드러내고 신하들의 간섭에서 벗어날 수 있는 기회로 삼고자 했던 것으로 보인다. 그러나 중종은 공신 세력을 견제하고 왕권 강화를 꾀하고자 등용한 조광조 등 사림 세력이 왕도정치를 표방하며 압박한 때문인지 한동안 능행을 진행하지 않았다. 이후 기묘사화로 조광조가 축출되는 해에 중종은 보란듯이 선릉을 방문하였으며, 재위 만년기에는 신하들의 반대에도 불구하고 선릉 능행은 물론이고 영릉(세종 릉)과 황해도 제릉까지 능행을 강행하였다.

국왕의 능행에는 수많은 인력이 동원되고 많은 재물이 소요되며, 길을 만들고 정비하는 과정에서 백성들의 땅이 침탈당하는 일도 있었다. 그래서 조광조 등의 사림파뿐 아니라 훈구파나 공신 세력들도 민생을 위해 능행을 자제할 것을 요청했으나 중종은 만류하는 의견을 뒤로하고 능행을 강행하였으며, 특히 황해도에 위치한 제릉을 방문할 때에는 박연폭포를 들러 유람하는 일정까지 진행하였다.

중종 이후 능행은 대부분 왕이 선왕의 능침을 방문하여 제례를 지내고, 백성들을 만나 시혜를 베푸는 일이 주가 되었다. 특히 조선 후기 왕 중 출신이 미약하여 왕권이 약했던 영조와 정조는 강력한 신권을 견제하기 위해 스스로 학문에 힘쓰고 백성들의 아픔과 괴로움을 해결하는 방법으로 능행을 활용하였다. 영조는 천민 출신 생모生母의 신분적 약점, 이복 형인 경종景宗의 갑작스러운 죽음과 관련된 음모론을 극복하는 데 능행을 활용했다. 특히 생모 숙빈 최씨의 사당을 자주 찾으면서 자신의 미약한 정통성을 강화하는 한편, 외부 세계와의 소통을 통해 왕권을 강화하는 행보를 보였다. 뒤를 이은 정조 역시 생부生父인 사도세자의 신분 회복(죄인에서 국왕으로)을 위해 사당을 자주 찾는 한편, 수원으로 사도세자의 묘소를 이장하고 인근에 화성花城을 건설하여 왕권을 뒷받침하려 했다.

이후 정조는 사도세자의 묘소로 잦은 원행을 단행하고, 사도세자와 혜경궁 홍씨의 회갑연을 화성 행궁에서 개최하여 부친의 신원 회복을 마무리하였다. 또한 정조는 이를 통해 수원 지역의 민심을 직접 체감하고, 수원을 신도시로 성장시켜 조선 왕실의 보장처(뒤에서 지키고 든든하게 떠받드는 지역)로 삼고자 했다. 비록 뜻하지 않은 병으로 갑자기 세상을 떠나면서 뜻을 이루지는 못했지만, 정조의 현륭원 원행은 개인적 취미 생활과 외유·유람 등의 목적이 포함되었던 이전 국왕의 능행과 달리, 백성과 직접적으로 소통하고 백성의 민심을 배경으로 왕실의 힘을 키우고자 했다는 점에서 특별한 의미를 지닌다.

정조는 백성을 직접 만남으로써 이른바 '관광觀光'을 통해 자신의 존재를 드러내고, 백성들의 고충을 해결해 주는 존재가 되고자 했다. 이처럼 정조는 능행이라는 모빌리티를 통해 백성과의 소통으로 자신과 백성을 화합시키는 화학 효과를 보여 주었다는 점에서 그 의미가 크다.

◆ ◆ ◆

조선시대에 가장 자유로운 존재이면서 강력한 지배층 역할을 했던 양반은 국왕을 견제하고 일반 백성들 위에 군림하는 존재로 각인되어 있다. 실제로 전근대사회의 양반은 노비와 수하들의 도움 없이는 아무것도 할 수 없는 존재였다. 이처럼 '혼자서는 아무것도 못하는 존재'였기에 유배가 양반에게 형벌이 될 수밖에 없었다. 양반들은 이동하지 못한 것이 아니라 이동을 두려워하고 겁냈다고 할 수 있기 때문이다.

양반은 태어나면서 그 신분이 정해지고, 어릴 때부터 과거급제를 통한 입신양명立身揚名(성공과 출세)을 목적으로 하는 존재이기 때문에 다른 능력은 거의 키우지 않았으며 경제활동 역시 전혀 하지 않았다. 그러니 양반이 이동을 겁내고 두려워하는 것은 어찌 보면 당연한 일이다. 유배는 양반들에게 뜻하지 않은 '생고생'이 예상되는 고생길이자, 한 번도 해 본 적 없는 '체험 삶의 현장' 그 자체였다. 그래서 일찍이 삼국시대부터 귀족들에게 유배형을 부과하였고, 고려시대에는 '감금'과 '통제'를 기본으로 하는 정치적 형벌로 유배형을 부과하였다. 귀족과 고위층에게 지나치게 심한 형벌을 부과하기 어려운 때문이기도 하지만, 이들이 세력을 키우지 못하도록 감시하거나 몰래 죽여 버리는 데 유배형이 적당하였기 때문일 것이다.

조선 개국 후에는 명나라의 형벌 체계인 대명률 체계를 도입하면서 유배형은 '5형' 중 중범죄에 해당하는 유형流刑으로 구분되고, 구체적인 거리와 유배 지역까지 다듬어지면서 더 이상 관념적 형벌이 아닌 구체적인 형벌 체계에 편입되었다. 그러나 대명률에 입각한 유배형의 거리는 조선의 상황과 맞지 않았기 때문에 유죄수속법이라고 하여 그 거리를 조선의 실정에 맞게 개정하였다. 그 결과 1,680리부터 1,230리, 1,065리로 거리가 줄어들었으나, 그래도 북변의 변방 지역과 인접하거나 바닷가와 인접한 매우 열악한 곳이 대부분이어서 유배형에 처해지면 가는 길에 사망하거나 북방의 기후와 바닷가의 풍토병에 시달리다 죽는 일이 많았다.

　물론 유배지에서 잘 적응하는 경우도 있었다. 나아가 유배 기간을 잘 활용하여 작품을 집필하거나 제자를 양성하여 역사에 그 이름을 남기기도 하였으니, 대표적인 사례로 유배지에서 조광조를 가르쳐 성리학의 도통으로 이름을 남긴 김굉필, 유배지에서《사미인곡》·《속미인곡》·《관동별곡》 등을 지은 가사 시인의 대명사 송강 정철을 꼽을 수 있다.

　한편 유배형에 처해지는 양반과 왕족 등은 정치적 사건, 정쟁에 휘말려 유배형에 처해지는 일이 많았다. 특히, 조선 전기에는 사화로 인해 사림파들이 유배형에 처해지는 일이 많았고, 조선 후기에는 각종 역모 사건이나 사색당파로 나뉘져 갈등을 일으키는 환국 등의 정권 교체에 휘말려 유배되는 사례가 많았다. 그러면서 유배지가 다양하게 확대되고 점차 가혹한 북변지방의 유배보다는 돌아올 수 없는 절도로 유배지가 변화하게 되었다. 조선 전기의 함경도 삼수와 갑산에서 제주도와 흑산도로 변화하는 양상을 보인다.

　특히 조선의 중앙 통치력이 닿을 수 있는 제주도와 같은 큰 섬이 유배지로 각광받았다. 제주도는 '유배인의 섬'이라는 별명이 붙었고, 한때 유배객이 너무 많아서 제주도 사람들의 불만이 폭증할 정도였다. 그러나 제주도 역시 당시에는 이동 여정 자체가 목숨을 걸어야 할 만큼 위험했고, 풍토병에 걸려 죽기 쉬운 오지였다. 광해군이 제주도에 유배되면서 여건이 좋아졌다고 하지만 양반들이 제주도의 열악한 환경을 이겨 내기에는 어려움이 컸을 것이다. 그러니 내해도 아닌 외해에 있는 한반도에서 가장 멀리 떨어진 섬 흑산도에서의 유배 생활은 어땠겠는가? 흑산도는 조선 후기 유배인들에게 공포의 대상이었다. 멀리서 보면 섬이 검은 산처럼 보여 음침할 뿐 아니라 바다의 풍랑과 풍토병에 대한 공포도 컸을 것이다. 그래서 역모에 준하는 죄를 저지르지 않는 이상 흑산도로 유배를 보내는 것은 지나치게 가혹한 처사라고 할 정도로 흑산도는 가혹한 유배지로 악명이 높았다.

험악한 유배지는 농업생산력이 떨어지는 지역이 대부분이기 때문에, 유배인을 돌보고 숙식과 음식을 나눠 줘야 하는 이른바 보수주인들은 유배인들을 홀대하였다. 그래서 정약용과 같은 대학자이자 정치가도 유배지에서는 한낱 '사학쟁이' 혹은 '서울에서 큰 죄를 짓고 온 샌님'으로서 처음에는 잘 곳을 구하지 못해 주막에서 기거하였다. 제주도의 대표적인 유배객인 추사 김정희도 먹을 것이 없어 젓갈로 겨우 연명하였으며, 선조와 광해군 대 활약한 오성 이항복도 험난한 유배길과 괴로운 유배 생활을 견디지 못하고 중풍에 걸려 고생하다가 생을 마감하였다.

이처럼 유배지에서의 삶은 견디기 힘든 고난의 연속이었다. 그래서 유배길에 노비와 가족을 데리고 가는 경우도 있었으며, 점차 유배형에 처해지는 정치범이 많아지면서 유배지에서 적응하고 특별한 업적을 내는 사례도 발생하였다. 또한 조선 후기에 잦은 정국 개편이 이어지면서 어제의 죄인이 오늘의 권력자가 되는 상황에서 유배인들에 대한 처우가 나아지는 모습도 보였다. 특히 '일류 엘리트'에 대한 동경과 교육열이 발동하면서 유배된 양반들이 제자를 양성하고 막대한 분량의 책을 집필하는 결과를 낳기도 하였다. 가장 대표적인 예로서 정약용과 그가 남긴 500여 권에 이르는《여유당전서》를 꼽을 수 있다.

조선시대 양반에게 유배는 가혹한 형벌이면서 후대에 이름을 알릴 수 있는 기회로 작용하였다. 양반이 아니었다면 형벌이 아닌 타향살이 정도에 불과할 수도 있었다는 점에서, 유배형은 양반에게 특화된 형벌제도이자 모빌리티 사례였다.

．．．

표류는 조선시대 일반민이 거의 체험하기 힘든 해외로의 이동을 수반하고 특이하고 흥미로운 경험을 보여 준다는 점에서 가장 흥미로운 모빌리티 사례이다. 물론 표류는 일반 백성만 겪은 이동 형태는 아니다. 최부와 같은 양반들도 표류담을 책으로 엮어 유명해졌고, 서양인 하멜 등은 반대로 조선에 표류하면서 조선을 소개하는 책을 만들어 유명해지기도 했다.

삼면이 바다인 조선의 특성상 일반민의 어업 활동이 활발하여 일반민의 표류가 종종 발생했고 그 사례가 기록으로 남게 되었는데, 특히 문순득의 표류 사례가 정약전의 저서에 상세히 남아 있다. 이와 관련하여 19세기 동아시아의 국제질서, 조선의 해방 정책과 표류민 정책 등에 대한 정약용의 견해는 문순득의 표류담에 영향을 받은 것으로 볼 수 있다. 이 점에서 조선시대 일반민의 표류는 단순한 개인의 특이한 경험이 아니라 당시 국제관계를 보여 주는 모빌리티라는 점에서 역사적 의미를 갖는다고 할 수 있다.

앞서 보았듯, 조선시대는 삼국시대·고려시대와 비교했을 때 바다로 나아가는 정책, 즉 해방 정책에 가장 소극적인 시기였다. 개인의 상업 활동과 무역을 철저히 금지했기에 일반민의 무리한 해상 활동과 어업 활동은 제한되었고, 이는 사대의 대상인 명나라가 소위 바다 진출을 일체 금하는 해금 정책을 펼친 것과 연관이 컸다. 이에 조선은 일반민의 해상 진출을 방지하고자 섬을 비우는 공도 정책을 펼칠 정도로 해상 활동에 매우 소극적이었다. 그럼에도 삼면이 바다인 조선의 자연환경 때문에 표류 사건은 심심치 않게 발생했다.

그런데 이와 같은 표류민의 발생은 뜻밖에도 동아시아 국제질서의 바탕인 조공 관계를 보여 주는 효과를 초래하였다. 최부의 《표해록》과 이지항의 《표해록》, 장한철의 《표해록》, 문순득의 《표해시말(표해록)》 등을 보면 표류민은 동아시아 어느 지역에서 표류를 하던 간에 반드시 중국을 통해 송환 절차를 밟아야 했다. 특히, 조선인은 중국 본토는 물론이고 유구 · 여송 · 왜 등에 표류하게 되면 대체로 융숭한 대접을 받고, 중국을 통해 고향으로 돌아오는 과정을 밟았다. 이로써 당시 동아시아 국제질서에서 유구 · 안남 · 왜 등 주변국들이 중국을 본토로 보는 시각을 가졌으며, 표류민 송환을 명분으로 중국과의 공무역에 열을 올렸음도 확인할 수 있다.

이러한 동아시아 국제질서를 가장 잘 보여 주는 인물이 '동양의 신드바드'라는 별명을 얻은 문순득이다. 문순득은 홍어를 잡기 위해 흑산도 인근 바다로 나갔다가 표류하게 되어 유구국에 표착했고, 중국으로 송환되던 중에 여송에 다시 표착하였다. 이때 필리핀어를 배우고 훗날 통역사 역할까지 할 정도로 강한 생활력을 지녔던 문순득은 3년이 넘는 표류 생활 끝에 중국의 마카오, 남경, 북경을 거쳐 고향으로 돌아왔다. 당시 일반민으로서는 도저히 경험할 수 없는 동아시아 순방을 마치고 온 셈이다.

하지만 정약전과 정약용은 문순득의 뜻하지 않은 표류를 그저 신기한 이야기로만 넘겨듣지 않았다. 19세기 조선의 바다에서는 많은 일들이 발생하고 있었고, 조선인의 표류 문제는 물론이고 조선으로 표류해 오는 외국인과 황당선 등의 문제는 당시의 외교 현안이기도 했기 때문이다.

특히 표류를 빙자한 중국의 해적과 해삼 채취를 목적으로 하는 불법 월경인, 무역 행위를 목적으로 하는 서양인이 타고 오는 황당선 등은 조선 정부의 골칫거리였다. 이에 정조는 섬을 비우는 공도 정책이 아닌 섬에 읍치를 설치하자는 '해도설읍론'을 제시하여 좀 더 적극적인 해방 정책을 추구하였다. 정약전과 정약용 역시 《목민심서》와 《표해시말》에서 표류민에 대한 적극적인 정책을 제안하여, 당시 표류 문제가 얼마나 중요한 외교 문제였는지를 실감할 수 있다.

정약용은 제자들과 함께 저술한 《사대고례》에서 바다를 방어하기 위한 정책으로 〈해방고〉를 별도 항목으로 만들어 따로 다루고 있다. 이 글에서 정약용은 조선인의 표류 사례를 살펴보고, 과거의 표류민에 대한 송환 절차와 송환 사례를 기록하여 향후 조선이 표류민에 대하여 세워야 할 외교정책의 매뉴얼을 마련하고자 한 것으로 보인다.

이로써 정약용은 18세기 전후에 발생한 표류 문제가 단순한 표류가 아닌 월경과 불법적인 상업 행위를 유발하는 민감한 외교적 현안이 될 수 있음을 보여 줌으로써 향후 발생할 수 있는 외교 문제를 대비하고자 하였다. 실제로 정약용은 19세가 말에 발생하는 조선과 청의 해상 국경 분쟁, 섬의 소유권 분쟁 등을 예견하는 혜안을 보여 주었다.

조선시대 일반민의 모빌리티가 개인의 여정에서 그치지 않고 당대 국가의 외교정책과 외교 현안과 관련된 문제였다는 점에서 역사적 사례로 기억해야 할 것이다.

원전 및 실록

《경국대전經國大典》

《고려도경高麗圖經》

《만기요람萬機要覽》

《묵재일기默齋日記》

《사대고례事大考例》

《속대전續大典》

《양아록養兒錄》

《여유당전서與猶堂全書》

《연려실기술練藜室記述》

《자산어보玆山魚譜》(《현산어보玄山魚譜》)

《전각사일기殿閣司日記》

《조선경국전朝鮮經國典》

《주교지남舟橋指南》

《주례周禮》

《포르투갈인 동양 여행기》

《표해록漂海錄》

《표해시말漂海始末》

《하멜표류기》

《태조실록太祖實錄》

《세종실록世宗實錄》

《세조실록世祖實錄》

《중종실록中宗實錄》

《명종실록明宗實錄》

《현종개수실록顯宗改修實錄》

《영조실록英祖實錄》

단행본

국립제주박물관 편,《항해와 표류의 역사》, 솔, 2003

류성룡, 오세진 · 신재훈 · 박희정 옮김,《징비록》, 홍익출판사, 2014

서미경,《홍어 장수 문순득, 조선을 깨우다》, 북스토리, 2010

이왕무,《조선후기 국왕의 능행 연구》, 민속원, 2016

전웅,《유배, 권력의 뒤안길》, 청아출판사, 2011

정약용, 박석무 옮김,《유배지에서 보낸 편지》, 창비, 2019

최부, 서인범 · 주성지 옮김,《표해록》, 한길사, 2004

핸드릭 하멜, 김태진 옮김,《하멜표류기》, 서해문집, 2003

연구논문

김경숙, 〈조선시대 유배형의 집행과 그 사례〉,《사학연구》 55-56, 1998

김문식, 〈18세기 정조 능행의 의의〉,《한국학보》88, 일지사, 1997

김재형, 〈조선시대 제주유배인 실태분석과 특징〉, 제주대학교 석사학위논문, 2011

김정훈, 〈정조대 능행의 성격과 그 변화〉, 인하대학교 석사학위논문, 2016

남이슬, 〈18세기 청국인의 해양범월 연구〉, 강원대학교 석사학위논문, 2015

박현진, 〈17~18세기 네덜란드와 조선의 상호인식〉, 동국대학교 석사학위논문, 2016

신재훈, 〈사대고례를 통해 본 정약용의 해방인식〉,《strategy 21》 36, 한국해양전략연
　　구소, 2016

신재훈, 〈조선전기 천릉의 절차와 정치적 성격〉, 건국대학교 석사학위논문, 2011

심재우, 〈조선전기 유배형과 유배생활〉,《국사관논총》 92, 2000

양지하, 〈17세기 중엽 조선에 표류한 정성공 계열 해상에 대한 조선 지배층의 인식과
　　성격〉,《이화사학연구》50, 2015

오희은, 〈고려시대 연고지 유배형의 성격과 전개〉, 서울대학교 석사학위논문, 2015

왕천천, 〈조선 표류민에 대한 명의 구조체제〉,《역사민속학》 40, 2012

유서풍, 〈근세동아해역의 위장표류사건〉,《동아시아문화연구》 25, 2009

윤상구, 〈조선조 온양온행의 사회경제적 성격〉, 공주대학교 석사학위논문, 2005

이왕무, 〈영조의 사친궁원 조성과 행행〉, 《역사와 실학》 48, 2012
이왕무, 〈조선시대 국왕의 온행 연구〉, 《국사관논총》 108, 2006
장영선, 〈조선시기 유배와 절도정배의 추이〉, 목포대학교 석사학위논문, 2000
정 민, 〈표류선, 청하지 않은 손님〉, 《한국한문학연구》 43, 2009
정연식, 〈조선시대의 유배생활: 유배가사에 나타난 사례를 중심으로〉, 《인문논총》 9,
　　　서울여대 인문과학연구소, 2002
조영주, 〈화성능행도와 정조의 대민정책〉, 숙명여대 석사학위논문, 2005
최성환, 〈정조의 수원 화성 행차시 활동과 그 의미〉, 《조선시대사학보》 76, 2016
최성환, 〈조선후기 문순득의 표류와 세계인식〉, 목포대학교 박사학위논문, 2010
최인수, 〈조선시대 유형에 관한 연구〉, 이화여자대학교 석사학위논문, 1992
한창덕, 〈귀양과 전통법문화〉, 《전통과 현대》, 1999

사이트 및 DB

국사편찬위원회 조선왕조실록 https://sillok.history.go.kr
규장각한국학연구원 https://kyu.snu.ac.kr
디지털장서각 https://jsg.aks.ac.kr
한국고전종합DB https://db.itkc.or.kr
한국민족문화대백과사전 https://encykorea.aks.ac.kr
한국사데이터베이스 https://db.history.go.kr
한국학디지털아카이브 http://yoksa.aks.ac.kr
한국학자료통합플랫폼 https://kdp.aks.ac.kr
한국학종합DB https://db.mkstudy.com
한국향토문화전자대전 http://www.grandculture.net

조선시대 사람들의 모빌리티

2024년　2월　29일　초판 1쇄 발행

지은이 | 신재훈
펴낸이 | 노경인 · 김주영

펴낸곳 | 도서출판 앨피
출판등록 | 2004년 11월 23일 제2011-000087호
전화 | 02-336-2776　팩스 | 0505-115-0525
블로그 | bolg.naver.com/lpbook12
전자우편 | lpbook12@naver.com

ISBN 979-11-92647-29-6　　94300